THE COMMONWEALTH AND INTERNATIONAL LIBRARY
Joint Chairmen of the Honorary Editorial Advisory Board
SIR ROBERT ROBINSON, O.M., F.R.S., LONDON
DEAN ATHELSTAN SPILHAUS, MINNESOTA
Publisher: ROBERT MAXWELL, M.C., M.P.

PERGAMON OXFORD SPANISH SERIES
General Editors: H. LESTER, G. RIBBANS, B. TATE

AN ANTHOLOGY OF SPANISH POETRY, 1500–1700

PART II 1580–1700

AN ANTHOLOGY OF SPANISH POETRY, 1500–1700

PART II 1580-1700

With Notes and Introduction by
ARTHUR TERRY
Professor of Spanish, Queen's University, Belfast

PERGAMON PRESS
OXFORD · LONDON · EDINBURGH · NEW YORK
TORONTO · SYDNEY · PARIS · BRAUNSCHWEIG

UPSALA COLLEGE LIBRARY
WIRTHS CAMPUS

Pergamon Press Ltd., Headington Hill Hall, Oxford
4 & 5 Fitzroy Square, London W.1

Pergamon Press (Scotland) Ltd., 2 & 3 Teviot Place, Edinburgh 1

Pergamon Press Inc., 44–01 21st Street, Long Island City,
New York 11101

Pergamon of Canada Ltd., 207 Queen's Quay West, Toronto 1

Pergamon Press (Aust.) Pty. Ltd., Rushcutters Bay,
Sydney, New South Wales

Pergamon Press S.A.R.L., 24 rue des Écoles, Paris 5e

Vieweg & Sohn GmbH, Burgplatz 1, Braunschweig

Copyright © 1968 Pergamon Press Ltd.
First edition 1968
Library of Congress Catalog Card No. 65–22538

Printed in Great Britain by A. Wheaton & Co., Exeter

This book is sold subject to the condition
that it shall not, by way of trade, be lent,
resold, hired out, or otherwise disposed
of without the publisher's consent,
in any form of binding or cover
other than that in which
it is published.

08 103680 9 (flexicover)
08 203680 2 (hard cover)

CONTENTS

Introduction — xiii

Note on Versification — xlvii

Luis de Ribera (1532?–1611) — 1
1. De Cristo ya resucitado — 1

Miguel de Cervantes (1547–1616) — 3
2. Por un sevillano — 4
3. En vano, descuidado pensamiento — 5

Luis Barahona de Soto (1548–1595) — 6
4. Elegía — 7

Vicente Espinel (1550–1624) — 9
5. El vivo fuego en que se abrasa y arde — 10
6. Glosa — 10

Lupercio Leonardo de Argensola (1559–1613) — 12
7. Dentro quiero vivir de mi fortuna — 13
8. Al sueño — 13
9. Si quiere Amor que siga sus antojos — 14
10. Llevó tras sí los pámpanos octubre — 14

Bartolomé Leonardo de Argensola (1562–1631) — 15
11. De la unión, Silvio, con que Amor prospera — 16
12. Amor, que en mi profundo pensamiento — 16
13. Por verte, Inés, ¿qué avaras celosías — 17
14. A Cristo Nuestro Señor, orando en el huerto — 17
15. A un abogado interesado — 18

Luis de Góngora (1561–1627) — 19

16. Mientras por competir con tu cabello — 20
17. La dulce boca que a gustar convida — 21
18. A Córdoba — 21
19. Del túmulo que hizo Córdoba en las honras de la Señora Reina Doña Margarita — 22
20. Inscripción para el sepulcro de Dominico Greco — 23
21. De la brevedad engañosa de la vida — 23
22. Al Conde-Duque de Olivares — 24
23. La más bella niña — 24
24. Servía en Orán al Rey — 26
25. Angélica y Medoro — 28
26. En los pinares de Júcar — 32
27. Las flores del romero — 33
28. Ándeme yo caliente — 34
29. No son todos ruiseñores — 36
30. Ánsares de Menga — 37

Lope de Vega (1562–1635) — 39

31. Hortelano era Belardo — 40
32. La Niña a quien dijo el ángel — 43
33. Suelta mi manso, mayoral extraño — 44
34. Si verse aborrecido el que era amado — 45
35. Al triunfo de Judit — 45
36. Cuando me paro a contemplar mi estado — 46
37. Pastor que con tus silbos amorosos — 46
38. ¿Qué tengo yo que mi amistad procuras? — 47
39. A la muerte de Don Luis de Góngora — 47
40. A mis soledades voy — 48
41. ¡Pobre barquilla mía — 51

José de Valdivielso (1562?–1638) — 55

42. Unos ojos bellos — 56
43. Letra al Niño Jesús — 56
44. Porque está parida la Reina — 57

Pedro Liñán de Riaza (d.1607) — 61

45. Damas con escuderos grandalines — 61

CONDE DE SALINAS (1564–1630)   63

   46. De tu muerte, que fue un breve suspiro   63
   47. A unos ojos dormidos   64

JUAN DE ARGUIJO (1567–1623)   66

   48. A Venus en la muerte de Adonis   66
   49. Narciso   67
   50. Si pudo de Anfión el dulce canto   67

FRANCISCO DE MEDRANO (1570–1607)   69

   51. A N., hermosa astuta dama de Sevilla   70
   52. A Luis Ferri, entrando el invierno   70
   53. Ya, ya, y fiera y hermosa   72
   54. Respuesta a otra oda de Juan Antonio del Alcázar, en que le convidaba a una casa de recreación sobre el río   73
   55. No sé cómo, ni cuándo, ni qué cosa   75

RODRIGO CARO (1573–1647)   76

   56. Canción a las ruinas de Itálica   76

FRANCISCO DE BORJA, PRÍNCIPE DE ESQUILACHE (1577–1658)   80

   57. Montes de nieve son los que de flores   80
   58. Tan dormido pasa el Tajo   81

LUIS MARTÍN DE LA PLAZA (1577–1625)   83

   59. Nereidas, que con manos de esmeraldas   83

PEDRO DE ESPINOSA (1578–1650)   85

   60. A la navegación de San Raimundo   86
   61. Psalmo I   89
   62. Psalmo II   91

LÓPEZ DE ZÁRATE (1580–1658)   94

   63. Después de una grande enfermedad en su mayor edad   94

Anonymous — 96

64. A Cristo crucificado — 96

Francisco de Quevedo (1580–1645) — 98

65. Represéntase la brevedad de lo que se vive y cuán nada parece lo que se vivió — 99
66. Conoce la diligencia con que se acerca la muerte, y procura conocer también la conveniencia de su venida, y aprovecharse de ese conocimiento — 100
67. Miré los muros de la patria mía — 100
68. Todo tras sí lo lleva el año breve — 101
69. ¡Cómo de entre mis manos te resbalas! — 101
70. A Roma sepultada en sus ruinas — 102
71. Amor que sin detenerse en el afecto sensitivo pasa al intelectual — 102
72. Afectos varios de su corazón fluctuando en las ondas de los cabellos de Lisi — 103
73. Retrato de Lisi que traía en una sortija — 104
74. Amor constante más allá de la muerte — 104
75. Persevera en la exageración de su afecto amoroso y en el exceso de su padecer — 105
76. Letrilla satírica — 105
77. A un hombre de gran nariz — 108
78. A un hipócrita de perenne valentía — 108
79. Refiere su nacimiento y las propriedades que le comunicó — 109
80. Advierte al tiempo de mayores hazañas, en que podrá ejercitar sus fuerzas — 113
81. Túmulo de la mariposa — 115

Conde de Villamediana (1582–1622) — 117

82. Silencio, en tu sepulcro deposito — 118
83. Cesen mis ansias ya desengañadas — 118
84. Debe tan poco al tiempo el que ha nacido — 119
85. Tarde es, Amor, ya tarde y peligroso — 119
86. Aquí donde fortuna me destierra — 120

Luis Carrillo de Sotomayor (1581/2–1610) — 121

87. A la caza de unas galeotas turquescas — 122
88. A una ausencia, partiéndose las galeras — 124
89. De los peligros del mar y la pena de los celos — 124
90. A un olmo, consolando su mal — 125
91. A la virtud que alcanza lo dificultoso — 125

Juan de Jáuregui (1583–1641) — 126

92. A un navío destrozado en la ribera del mar — 126
93. A la edad del año — 127

Francisco de Rioja (1583?–1659) — 128

94. Aunque pisaras, Filis, la sedienta — 129
95. En vano del incendio que te infama — 129
96. ¿Cómo será de vuestro sacro aliento — 130
97. En mi prisión y en mi profunda pena — 130
98. A la rosa — 131

Andrés Fernández de Andrada (Dates unknown) — 132

99. Epístola moral a Fabio — 132

Adrián de Prado (*fl. c.* 1620) — 139

100. Canción real a San Jerónimo en Siria — 139

Pedro Soto de Rojas (1584–1658) — 149

101. Al alma ciega — 150
102. Al sueño — 150
103. Aviso — 151
104. A Fénix en Generalife: ausencia — 151

João Pinto Delgado (*c.* 1585–*post* 1633) — 154

105. Cual huerto que, de mil flores — 155

Antonio Hurtado de Mendoza (1586?–1644) — 158

106. Ya es turbante Guadarrama — 159
107. Si tal bajeza creíste — 160
108. Garza real, que en puntas desiguales — 162
109. A la soledad de Nuestra Señora de Balma — 163

Jerónimo de San José (1587–1654) — 164

110. Vita nostra vapor ad modicum parens — 164

ESTEBAN MANUEL DE VILLEGAS (1589–1669) — 166

111. A Don Antonio Manuel de Villegas, niño de dos años y medio, sobrino del autor — 166

PEDRO CALDERÓN DE LA BARCA (1600–1681) — 168

112. En la muerte de la Señora Doña Inés Zapata, dedicada a Doña María Zapata — 169

JERÓNIMO DE CÁNCER (d.1655) — 173

113. Décimas que un galán le leyó a una dama que estaba en un jardín, escritas a este intento, hablando con ella — 173

ANASTASIO PANTALEÓN DE RIBERA (1600–1629) — 175

114. A Don Diego de Lucena, pintor famoso y grande ingenio, habiendo retratado al poeta — 175

SALVADOR JACINTO POLO DE MEDINA (1603–1676) — 177

115. El álamo — 178
116. Contra un ciprés que lo abrasó un rayo — 178
117. Todo el Mayo volaba — 179

GABRIEL BOCÁNGEL (1603–1658) — 180

118. Oyendo en el mar, al anochecer, un clarín que tocaba un forzado — 180
119. A un árbol que se secó al principio de la primavera, en metáfora de una esperanza burlada — 181
120. A un hombre que se casó con la que había sido su dama — 182
121. Huye del sol el sol, y se deshace — 183

PEDRO DE QUIRÓS (1607?–1667) — 184

122. A una perla, alusión a la Virgen María — 184
123. En la muerte de un niño — 185

FRANCISCO DE TRILLO Y FIGUEROA (1618?–1680?) — 187

124. ¡Válgame Dios, que los ánsares vuelan — 187

Antonio Henríquez Gómez (1600?–1660?) — 190

125. Al curso y velocidad del tiempo — 190
126. Pasajero, que miras con cuidado — 191

Agustín de Salazar y Torres (1642–1673?) — 192

127. Celebra la brevedad de la vida de la rosa — 192

Miguel de Barrios (1635–1701) — 194

128. A la muerte de Raquel — 195
129. Descripción del hombre — 195
130. Epitafios — 196

Sor Juana Inés de la Cruz (1648/51–1695) — 197

131. Contiene una fantasía contenta con amor decente — 198
132. A la esperanza — 199
133. Prosigue el mismo pesar y dice que aun no se debe aborrecer tan indigno sujeto, por no tenerle aun así cerca del corazón — 199
134. Arguye de inconsecuentes el gusto y la censura de los hombres que en las mujeres acusan lo que causan — 200
135. Endechas que prorrumpen en las voces de dolor al despedirse para una ausencia — 202

Notes to the Poems — 205

Suggestions for Further Reading — 249

Index of First Lines — 253

INTRODUCTION

I

THE first volume of this anthology was concerned with the poetry written in Spain between, roughly, 1500 and 1580. This period sees the triumph of the Italianate tradition established by Garcilaso de la Vega in the 1530's. By 1580, four major poets—Luis de León, Herrera, Aldana and San Juan de la Cruz—have achieved their finest work within this tradition, and Garcilaso himself has been given the status of a classic. Also, though Italianate poetry quickly becomes the dominant mode, it is not the only one: older forms of verse, both popular and sophisticated, survive alongside the main tradition and share in the general atmosphere of vitality.

The pattern of poetry between 1580 and 1700 is rather different: a continuing development, leading to a period of brilliant achievement, followed by the rapid decline of the whole Renaissance tradition. A glance at the contents of the present volume shows that, of the 42 poets represented, roughly three-quarters were born before 1600. In other words, although the period contains a great deal of poetic talent, this is very unevenly spread. The first quarter of the seventeenth century is extraordinarily rich in lyric poetry: these are the years in which the three greatest poets of the time—Góngora, Lope de Vega and Quevedo—are writing simultaneously, backed by an impressive range of minor poets. There is no break in continuity between this phase and the earlier one. The first poems of Góngora date from 1580, a few years before those of Lope de Vega, and by the turn of the century the group of Andalusian poets which includes Arguijo and Medrano has produced some of its best work. Nevertheless, by 1645 all three major poets are dead, and though a few good minor writers survive, the tradition seems to be nearing its end. Only one outstanding figure breaks this pattern: Sor Juana Inés de la Cruz (1651–95), the first great poet of the New World. Yet, despite the brilliance and sincerity of her personal lyrics, Sor Juana's most ambitious poem, the *Primero sueño*, ends in complete intellectual disillusionment, and she seems to have abandoned poetry even before her early death.

If one regards seventeenth-century poetry as the final stage in the movement which begins with Garcilaso, one may be tempted to associate its decline with the failure of Spain itself as a national power. Towards the end of the period, this seems likely enough: in the late seventeenth century, Spanish culture as a whole suffers from the atrophy which affects most aspects of social and political life. Yet parallels between artistic movements and historical events are often misleading. In Spain, the first intimations of national crisis come well before 1600, and most specifically in the reactions to the defeat of the Armada (1588). After this, Spain is on the defensive in Europe, and the economic situation in the New World has already begun to contract. Throughout the reign of Philip III (1598–1621), the signs of defeatism are clearly present in both king and ministers; later, the sense of national revival which exists for a time under Philip IV and Olivares evaporates once and for all in the Portuguese and Catalan crises of 1640. No seventeenth-century writer could remain unaware of this process; many, in fact, express their dismay or anger at the political and social atmosphere of the time, and in some of them this dissatisfaction merges with a more general feeling of disillusionment. However, there is no obvious historical explanation for the existence of a rich artistic movement at a time of national decline: the important fact is the sheer concentration of talent around a living and expanding tradition. It is no accident that the great period of seventeenth-century poetry coincides with the growth of a national theatre or with the existence of important schools of painting and architecture, and this general excellence over a limited period has less to do with external events than with the inherent characteristics of each particular art.

At the same time, there are certain features of seventeenth-century society which affect the writing of poetry, if not its actual quality.

The important question here is the relationship between poet and audience. In the sixteenth and seventeenth centuries, a poet's readers were more often than not personal acquaintances: friends, other poets, and occasionally enemies, all of whom could be assumed to possess a certain literary education. Though rather more poetry was printed in the seventeenth century than in the sixteenth, this helps to explain why so much of the work, even of major poets, remained in manuscript and why the poems of Góngora and Quevedo, for example, were not collected in book-form until after their deaths. And though a large number of poems, mostly ballads and *villancicos*, reached a more popular audience in the form of *pliegos sueltos*, or chap-books, this hardly affected the diffusion of poetry in the Italianate metres. One consequence of this is that no single seventeenth-century reader could have known more than a fraction of the range of poetry which is available to a modern reader; conversely, a great deal of verse which was familiar at the time has now disappeared, some of it perhaps for ever.

In this world of limited audiences, two developments stand out: the growth of patronage and the vogue of literary academies. Neither of these institutions is confined to the seventeenth century (both are, in fact, essential features of Renaissance literary life), but in Spain their growing importance is at least partly the result of social changes which were taking place in the late sixteenth century, in particular the economic prosperity of the South and the permanent establishment of the Court in Madrid. What Vicens Vives calls "el desbordante y excesivo esplendor de Sevilla"—the effect of its trading monopoly with the New World—is reflected in the cultured opulence of the Andalusian upper-classes. The characteristic figures of the turn of the century are men like Juan de Arguijo—business magnate, poet and founder of an influential literary academy—and the Conde de Niebla, later Duque de Medina Sidonia, the patron of Carrillo, Góngora and Espinosa. The situation which they represent can be seen in most of the urban centres of the South, particularly in Granada and Seville itself, and accounts for the cultural importance of a relatively small city like Antequera, the focal point of one of the most distinctive groups of Andalusian poets. In each of these places, a similar pattern is repeated: the presence of one or more outstanding humanist teachers (Juan de Mal Lara and others in Seville, Juan de Aguilar in Antequera), backed by local aristocrats who encourage the company of writers and artists.

Outside Andalusia, seventeenth-century literary life centres on Madrid, at the expense of Toledo, Salamanca and Valencia, which lose some of the importance they had in the previous century. Though the Court had already been transferred to Madrid in 1561, the important factor here is Philip III's decision to admit the higher aristocracy to the centre of government. One direct result of this was the series of favourites and advisers from Lerma to Olivares who, despite their political failings, were for the most part men of taste and learning, on friendly terms with many of the writers of the time. It is this situation which sees the emergence of a new type of courtier-poet, whose outstanding representatives are the Conde de Salinas and the Conde de Villamediana. Again, at a lower level, the fact that Lerma, Olivares and Philip IV himself are all known to have written verse helps to suggest the kind of audience which a serious poet might expect to reach. Not all poets were successful in finding a sympathetic patron, and Góngora, in particular, was unfortunate in never obtaining the recognition in Madrid which he deserved. The point is, rather, that where patrons existed, the kind of encouragement which they gave tended to be active and informed, and was easily absorbed into the general pattern of literary life. More than one member of the higher aristocracy took a leading part in the Madrid literary academies of the time, the most famous of which were founded shortly after 1600.

Given the lack of opportunities for publication, the importance of such academies as meeting-places for poets and other writers is clear enough, and it is noticeable how their numbers increase in proportion to the growth of theoretical writing on poetry after 1580. Few serious poets of the early seventeenth century remained outside such circles, whose activities included the reading and discussion of poems, debates on poetic theory and the organization of verse competitions. The extent to which they encouraged good writing is more difficult to judge. Almost inevitably, much of their time was spent on pedantries and uncritical praise, and most of them were in decline by the 1630's. Yet it seems certain that the literary academies formed a valuable cohesive element in the greatest phase of seventeenth-century poetry, and the evidence of a work like Polo de Medina's *Academias del jardín* (1631), conceivably a reconstruction of an actual literary session, shows that serious and informed criticism was at least possible in such conditions.

Beyond these material factors lies a whole range of knowledge and attitudes which contribute to the mental climate of the period, but whose consequences for poetry are harder to gauge, except where they can be seen to affect a particular kind of poem. In many respects, the majority of seventeenth-century writers continue to accept a body of ideas, on subjects from medicine to the nature of sexual love, which is fundamentally medieval. Inevitably, by the seventeenth century there are signs that the general medieval picture of the world which the Renaissance inherited is beginning to seem precarious, though these are more evident in a prose writer like Gracián than in the poets of the time. Yet, even if the body of accepted knowledge remains fairly constant, it is possible for its actual status to be challenged and revalued. Something like this happens, in fact, in the second half of the sixteenth century, as a result of the Counter-Reformation, some of whose doctrines are specifically concerned with the position of the arts.

These doctrines were embodied in the decrees of the Council of Trent (1545-63): their general effect was to elevate the function of art by enlisting it in the service of Catholicism, while at the same time denying its exclusively aesthetic appeal. The consequences of this for painting and the other arts were immense, particularly in Spain and Italy. The same spirit also had a profound influence on devotional writing, and the insistence on a certain type of meditation and on the need to convey spiritual truths to popular audiences is reflected in some of the best poetry of the time. Like other successful spiritual movements, the Counter-Reformation often revived existing forms of expression. Thus, in the second half of the sixteenth century, there is a striking increase in the number of popular religious poems based on secular lyrics, or what is usually known as *poesía a lo divino*. In Spain, this practice goes back to the fifteenth century; by 1600 it had become immensely popular, and *romances* and *villancicos* of this type found their way into anthologies and were transmitted orally in the form of *pliegos sueltos*. From a literary point of view, most of this poetry is mediocre; nevertheless, it performed an important spiritual function, and formed a living tradition which a serious poet could exploit. The two outstanding religious poets of the seventeenth century, Valdivielso and Lope de Vega, both wrote original poems which are directly related to this tradition, though their artistic skill goes far beyond that of the average *a lo divino* poet. Of the two, Valdivielso relies much more on the ingenious use of homely imagery which this type of poetry encouraged. In one of his poems, Christ on the Cross is compared to a swimmer:

> Como nadador
> los heridos brazos abre,
> por sacar a nado el hombre
> que dicen que iba a anegarse.

Here, as in his brilliant allegory of the bullfight (p. 57), Valdivielso uses a type of extended metaphor which appears constantly in late sixteenth-century devotional writing, and which is calculated to appeal to popular taste. Some of the most ingenious examples appear in the poems of Alonso de Ledesma (1523–1633), whose *Conceptos espirituales* (1600) and later collections were widely read in the seventeenth century. Ledesma's usual technique is to take a homely analogy and to work it out in minute detail. In one of his poems, Christ appears as a visitor to a university which is in need of reform:

> El reformador de escuelas
> entró víspera de Pascua,
> a fin de poner en orden
> la universidad humana . . . ,

and the metaphor is extended through various kinds of academic terminology for over 200 lines. The didactic purpose of such a poem is obvious; as Valdivielso explains in the preface to his own *Romancero espiritual* (1611): "he tomado por instrumento algunos de estos versos, para conversión de algunas almas envejecidas en culpa; persuadiéndome que, leyéndolos muchos, se podrían redimir algunos". Moreover, one can be fairly certain that the poems of Ledesma were read by other, greater poets: some of the finest seventeenth-century conceits depend on this type of ingeniously extended metaphor, just as the use of homely imagery in a serious context accounts for some of the most striking effects in a poet like Quevedo.

Both these tendencies, though accentuated in the late sixteenth century by the need to popularize religious teaching, can be seen at work in the medieval doctrine of "prefiguration", according to which images and events in the Gospels are symbolically anticipated in those of the Old Testament. A tendency which, for example, associates the tree in the Garden of Eden with the Tree of the Cross, or finds parallels between Noah and Christ, is already committed to the production of ingenious conceits. Conversely, if Pedro de Espinosa, in the second of his two *Psalmos* (p. 91), is able to refer to Christ as the owner of a *botillería*, or wine-shop (l. 14), it is because centuries of biblical interpretation have made people familiar with the symbolic possibilities of the vineyard passage in the fifth chapter of *Isaiah*.

There are also medieval elements in one of the central documents of the Counter-Reformation, the *Spiritual exercises* (1548) of St. Ignatius Loyola, the founder of the Jesuit Order. What is important here, though, is not so much the presence of traditional habits of prayer, as the way these are elaborated into a systematic technique of meditation. In the Ignatian scheme, the meditator prepares for his exercise in two preludes, and in the first of these, he attempts to visualize the subject of his meditation—either an episode from the life of Christ or some more abstract theme. This preliminary process is known as the "composition of place". In the meditation itself, the three powers of the soul (memory, understanding and will) are applied in turn to the subject which has already been evoked; in the final stage, the exercise of the will entails a decision to act on the basis of the understanding, and the meditation ends with a colloquy addressed to Christ on the Cross. In the words of the text: "the colloquy is made properly by speaking as one friend speaks to another, or as a servant to his master; at one time asking for some favour, or another blaming oneself for some evil committed, now informing him of one's affairs and seeking counsel in them".

Two features of this technique—the final colloquy and the insistence on mental images—can be applied equally well to the writing of a poem. This possibility was recognized by many poets of the late sixteenth and early seventeenth centuries, not only in Spain. It is an interesting fact that, although the *Spiritual exercises* themselves are closely associated with the Counter-Reformation, the type of meditation which they represent gave rise to a vast devotional literature in Spanish, Italian, French, English and Latin which circulated widely through Western Europe, often cutting across fundamental differences of religious belief. In England, the effect of this can be seen in the work of Donne, Herbert and others, where, as Professor Martz has shown,[1] the "poetry of meditation" forms an important ingredient in the so-called "metaphysical" style. In Spain, the outstanding example of a poem of this kind is Luis de León's ode *A la Ascensión* (see Vol. I of this anthology, pp. 94–95). The longer version of this poem shows the Ignatian pattern quite clearly: the speaker's attempt to dramatize the scene of Christ ascending to Heaven by thinking himself into the position of a witness; the application of the senses and the powers of the soul; an exhortation to the soul to act on the evidence of the understanding, and a final resolution to follow the will of Christ. Few Spanish poems follow the whole pattern of meditation as closely as this: the essential thing is the creation of a brief interior drama, a moment in which all the speaker's powers are concentrated on a particular theme or experience.

Again, there are many poems whose tone and structure correspond to the Ignatian conception of colloquy. Often the opening of the poem is abrupt: "¿Qué estratagema hacéis, guerrero mío?" (B. L. de Argensola), or "¿Qué tengo yo que mi amistad procuras?" (Lope de Vega) (see pp. 17 and 47). In each instance, the conversational urgency of the initial question creates the momentum for what follows: in the first, an ingenious interpretation of Christ's sufferings at a particular moment; in the second, a steadily mounting current of self-reproach, conveyed through a number of striking sense-images. Both types of development are characteristic of such poems, and they are not the only possibilities. In the seventeenth century, the techniques of meditation are able to combine with almost any existing mode of poetry. As for the Italianate tradition, both the existence of a strong current of popular religious poetry and the type of devotional practice encouraged by the Counter-Reformation influence the development of the shorter poem, and particularly that of the sonnet, where the use of colloquial diction and dramatic emphasis acts as a defence against the fluent monotony of the average Petrarchan lyric.

If one turns to the secular poetry of the period, the first impression is of enormous variety. Generally speaking, most types of poem written during the sixteenth century remain in fashion, at least for a time, and some, like the mythological fable and the *romance nuevo* or artistic ballad, become much more important. Leaving aside for the moment the question of stylistic differences, one striking feature of the earlier period is carried into the next: with a few notable exceptions (Medrano, Rioja and the Argensolas are the obvious ones), most seventeenth-century poets continue to move freely between popular and Italianate forms. The main reason for this is the extraordinary vitality of the Spanish popular lyric, which remains unbroken from early medieval times until the seventeenth century. This *poesía de tipo tradicional*, as it is usually called, was granted serious literary status towards the end of the fifteenth century, and for roughly 150 years after this such poems were glossed and imitated by other poets. Just as in the early sixteenth century popular poetry is incorporated in the plays of Gil Vicente and Juan del Encina, so in the seventeenth it finds a natural place in the drama of Lope de Vega and his contemporaries, and outside the theatre it is imitated by poets of the stature of Góngora and Quevedo. Moreover, as I have already suggested (p. xviii), the revitalization of the *romance* and *villancico* by the Counter-Reformation as suitable media for instructing the people created a bridge between the serious/learned and the popular. Góngora writes a sophisticated poem like "Caído se le ha un clavel" (a *letrilla* on the birth of Christ) in popular form because, between him and the folk type, the *villancico* had turned into the Christmas carol, which he and other poets were presumably commissioned to write for church festivities.

Spanish popular poetry consists of two main types: the ballad and the *villancico*, or poem based on a refrain. The latter continues to flourish in the second half of the sixteenth century, helped by the musical settings of Juan Vázquez and other composers. The most notable development in the use of the *villancico* occurs after 1580, in the *letrillas* of Góngora. The term *letrilla* itself has led to confusion: in practice, it is simply a type of *villancico* in which the length of the refrain has become extremely flexible. These poems span almost the whole of Góngora's writing life; their subjects include a number of stock folk-song situations, and many of them are satirical. What is particularly striking is the degree of complexity which Góngora often introduces into a basically popular form. A poem like "No son todos ruiseñores" (p. 36) is highly refined in its language, especially in its use of periphrasis ("trompeticas de oro" = "bees"), yet its success lies chiefly in maintaining the lightness of tone which is essential to the *villancico*.

This deliberate mixture of the popular and the sophisticated also appears in the use of the ballad-form by Góngora and other poets. Historically speaking, the best of the traditional ballads, or *romances viejos*, were composed well before 1500, though the period of their greatest popularity falls between 1515 and 1580. The great landmark here is the *Cancionero de romances* (Antwerp, *c*. 1547–9), the first anthology devoted entirely to ballads. The earliest attempts to write new ballads on historical themes come very shortly after this. The results are not very promising, but they mark the beginning of the *romance artístico* or *romance nuevo*, which leaps to importance in the 1580's with the early poems of Góngora and Lope de Vega. These new ballads are genuine re-creations, rather than pastiches: both the pastoral ballads and the *romances moriscos* (two of the most popular late sixteenth-century types) show a distinctively Renaissance sensibility in their handling of sexual love. Again, the sense of objectivity towards older models which this kind of writing supposes brings with it an awareness of new possibilities: so, in both Góngora and Quevedo, parody leads in the direction of satire and burlesque, and in Lope de Vega the *romance morisco* becomes a vehicle for disguised autobiography. This personal note appears very early in the history of the *romance artístico*, and accounts for what is virtually a new kind of poem, the verse-confession in ballad form which Lope de Vega incorporates in *La Dorotea* (see pp. 48–54). One technical innovation stands out. The fact that these poems, like many other *romances artísticos*, are written in quatrains is a sign that they are conceived in purely literary terms, unlike the *romances viejos*, which were intended to be sung. This tendency can already be seen in the early *romances* of Góngora, for example in "Servía en Orán al Rey" (p. 26), written in 1581. A poem like this still moves like a traditional ballad (not every quatrain is a complete sentence), but it is clear that the possibility of regular pauses lends itself to more calculated literary effects, like the contrasting phrases of lines 21–24:

> Espuelas de honor le pican
> y freno de amor le para;
> no salir es cobardía,
> ingratitud es dejalla.

Here also, the presence of sophisticated metaphors ("Espuelas de honor... freno de amor") suggests the cross-fertilization of styles which leads to Góngora's more complex poems in the ballad form, *Angélica y Medoro* (1602) (p. 28) and the semi-burlesque *Fábula de Píramo y Tisbe* (1618). In poems like these, the natural cadence of the quatrain positively encourages the use of wit and paradox, so that for a time the *romance* becomes one of the chief vehicles for the *conceptista* style. But, though the *romance* retains its importance in the theatre, few good examples are written after about 1640. This coincides with a sharp decline in the status of the *romance viejo* itself. Popular ballads continue to circulate in the form of *pliegos sueltos* throughout the seventeenth century, along with versions of *romances* by Quevedo and other poets of the time. Serious interest in the ballad, however, fades in the second half of the century, and the gap between popular and sophisticated poetry widens once again.

As for poetry written strictly within the Italianate tradition, one can make some rough divisions in terms of form and genre. Both considerations are closely linked in Renaissance theory and practice: certain types of metrical combination are appropriate to certain subjects, and the initial choice will often determine quite small differences of imagery and vocabulary. This principle holds good for both the sixteenth and seventeenth centuries: what one does find, however, are changes in the relative importance of certain genres, or sometimes a preference for one form of poem within a particular genre.

Thus most of the best seventeenth-century love poems are sonnets, and, compared with the period before 1580—the years when the direct influence of Garcilaso is at its strongest—there is a decrease in the quantity of medium-length poems like the eclogue, the elegy and the Petrarchan ode. The conception of love which emerges in these poems still owes a great deal to the medieval idea of "courtly love" which reaches the Renaissance through the *cancionero* poetry of the fifteenth century. Though the feudal conditions under which the courtly tradition originated no longer exist, some of its basic attitudes survive into the Renaissance: the idea of love as a cult in which the lover learns refinement through humility and suffering; the extra-marital nature of this love, and the recognition of spiritual qualities which, though in many ways anti-Christian, are superior to mere sexual appetite.[2] All these things affect the kinds of relationship such poems assume, as well as enforcing a special kind of vocabulary. In the course of the sixteenth century, the courtly tradition is elaborated in various ways, particularly under the influence of Renaissance neo-Platonism, which provides a more philosophical analysis of the stages of love. This process is also assisted by the direct study of Petrarch, who from the 1520's is regarded as the master of this tradition. In Spain, the influence of Petrarch can be seen from Boscán and Garcilaso onwards, and reaches its highest degree of concentration in the poetry of Herrera. This is a complex, if limited, poetry, and much of it depends on finely-drawn distinctions of the kind found in Renaissance discussions of Platonic love. And, taken as a whole, it suggests a deliberate attempt to produce a *canzoniere*—a single long sequence of poems—in the manner of Petrarch himself. In many ways, Herrera is closer to Petrarch than to Garcilaso; in his mature love poems, he not only avoids the characteristic smoothness of the Italianate manner, but also reverts to the more sombre and abstract qualities of Ausias March and other fifteenth-century imitators of Petrarch. Despite its value, the kind of synthesis which Herrera achieved was both too personal and too difficult to be repeated. Certain features of his language were imitated by younger poets, and occasionally, a passage from a later poem reflects his own use of Petrarchan imagery. (For example, Rioja's sonnet "Aunque pisaras, Filis, la sedienta arena..." (p. 129) opens with the suggestion of a symbolic landscape in Herrera's own manner, though it develops quite differently.) But on the whole, most late sixteenth-century poetry of this kind is very inferior, and by 1600 the conventional Petrarchan lyric has run its course, though its influence can still be seen incidentally in a number of later poets, including Quevedo.

One result of this slackening of convention is that feeling tends to be more strongly individualized. Though no seventeenth-century poet would ever claim to be describing a unique situation—poetry is still held to deal with the universal rather than with the particular —the best love poems of the period show a great variety of tone, and at times a tendency to move into other areas of experience. Irony and even straightforward humour now appear, as in certain poems by the Argensolas (pp. 14, 17); similarly, if the love poems of Lope de Vega seem unusually human and direct, this is at least partly because of their skilful use of normal speech rhythms. All this makes for richness and flexibility of mood; in the seventeenth century, it becomes increasingly difficult to point to a single dominant style of love poetry, a fact which is illustrated by the two finest love poets of the period, Quevedo and the Conde de Villamediana.

As Professor Otis Green has shown,[3] the love poems of Quevedo make use of almost every aspect of the courtly love tradition and refer to all the main principles of neo-Platonic theory. In spite of this, they contain very few direct echoes of Petrarch, though the Lisi poems were probably intended as a *canzoniere* in the Petrarchan manner. Inevitably, in a work of such dimensions, there are moments when Quevedo assumes a conventional pose: poems like "A Lisi, cortando flores y rodeada de abejas" resemble French *précieux* poetry in exploiting frankly trivial situations for their possibilities of wit. The more serious love poems are very different. To begin with, though many of their details are related to the courtly love tradition, it is important to consider how these are used within the actual poem. Take, for example, the sonnet which begins "Mandóme, ¡ay Fabio!, que la amase Flora / y que no la quisiese ..." (p. 102). Here, the basic contrast between two kinds of love (*desear/querer* = "to desire physically"; *amar* = "to love spiritually or platonically") is a commonplace of neo-Platonic theory, and *cuidado* (a stock word in courtly love vocabulary) suggests the idea of love as suffering which runs through the whole tradition. In Platonic terms, the first tercet,

> Amar es conocer virtud ardiente;
> querer es voluntad interesada,
> grosera y descortés caducamente ... ,

can be read as simple definition, leading to the neat conclusion in the final line: "eterno amante soy de eterna amada". Yet, taken as a whole, the poem expresses a real and very deep anguish. The "¡ay Fabio!" of the first line sets the tone for the rest. The speaker's love obeys, but is "confused" and "stained"; in theory, the superior love of the understanding transcends the suffering of "el humano afecto", yet his whole experience tends to deny this. The anguish lies in being compelled, against the passionate nature of his feelings, to love platonically because this is commanded, not only by conscience and reason, but also—alas!—by the woman herself. The key-phrase here is "amartelado del espíritu eterno". "Amartelar" means "to woo", "to make love to", but can also imply torment; for Quevedo there is an agonizing conflict between body and mind, since the latter both "woos" and "is wooed by" God, but this summons to divine love is a torment to man while his understanding is still imprisoned (*encarcelado*) in the body (*el claustro mortal*). Seen in terms of this conflict, the courtly love references fall into place, as if the speaker were saying: "I know all about Platonic theory, which says that physical love is only a stage on the way to divine love. I know also that the body dies and the mind is eternal; therefore, if I am forced to love the woman with my mind, I am condemned to being an eternal lover". And the implied comment is "How absurd, and what a torment!"

The deep seriousness of Quevedo's finest love poems is suggested by a remark in one of his prose *Sentencias:* "jamás blasoné del amor con la lengua, que no estuviese muy lastimado lo interior del alma". Though he often makes use of existing conventions, as in the poem just discussed, these are invariably handled critically and with a full awareness of their implications. In the greatest of these poems, like the one which begins "Cerrar podrá mis ojos la postrera / sombra..." (p. 104), the subject-matter of love is drawn more and more deeply into the meditation on human fragility which runs through the moral sonnets, and the neo-Platonic contrast between body and spirit is given a new and intensely personal emphasis.

Critics have often remarked on the apparent modernity of these poems: the fact that complex and deeply human attitudes are expressed in a language which is colloquial, ironic and stripped of any merely ornamental rhetoric. By comparison, the poems of the Conde de Villamediana seem at times almost archaic, though the best of them are powerful and moving. If one tries to analyse their effect, one is inclined to fall back on negative terms: they contain neither witty conceits nor rich visual effects; their language is simple, but not colloquial, and runs smoothly, without any sudden dramatic reversals. The positive way of stating this is to say that they are closer to Garcilaso than any other poetry of the seventeenth century. The decisive parallel here is not in the verbal echoes, though these exist, but in the presence of a similar kind of emotion, the "dolorido sentir" which is one of Garcilaso's basic strengths, from the early odes to the opening lines of the Third Eclogue. Of all Garcilaso's sixteenth-century imitators, only Camoens succeeds in re-creating this quality in his own verse, and, as Luis Rosales has made clear,[4] it is this common sensibility which links the poetry of Garcilaso and Camoens with certain seventeenth-century poets. The effects of this can be seen at times in both Lope de Vega and Bartolomé Leonardo de Argensola, but the outstanding examples here are the Conde de Salinas and Villamediana himself. Salinas, as Lope de Vega recognized, was more closely in touch with Portuguese poetry than any other Spanish writer of the time. Villamediana is the finer poet, and his essential quality is brought out in Rosales's description of Camoens: "Aquí no hay nada que imitar, nada brillante, nada ingenioso, nada decorativo, aquí no hay nada, sino fuerza de corazón; no hay nada, sino un vaho que empaña y vela las palabras". It seems no accident that this kind of sensibility should be reflected so strongly in the work of the two most notable courtier-poets of the seventeenth century. Neither Salinas nor Villamediana was a professional man of letters; one has the sense that for them, as for Garcilaso himself, poetry was not so much an art as the expression of an ideal of life, a possibility which would explain both the lack of contemporary influences in their love poems and the depth of feeling which they express.

Apart from love poetry, the most striking development of the Italianate tradition after 1580 is in the growing importance of the long poem, particularly the verse-epic and the mythological fable. There is no single reason for this. Distinguished examples of both kinds of poem appear earlier in the sixteenth century, and the greatest of the Renaissance epics, the *Lusiads* of Camoens, was published in 1572. The theoretical justification for the literary epic lay in Renaissance poetic theory, which followed Aristotle in regarding the epic as the highest form of poetry. Its most elaborate defence appears towards the end of the sixteenth century in the *Discorsi del poema eroico* (1594) of the Italian poet Torquato Tasso (1544–95), himself the author of one of the outstanding Renaissance epics, the *Gerusalemme liberata* (1581). Both the theory and practice of Tasso had a considerable influence in Spain in the early seventeenth century, and were partly responsible for intensifying the religious content of the epic. The popularity of such poems, however, went beyond a theoretical belief in the value of epic poetry. Many of them, like the *Araucana* of Ercilla (1569–89), appealed to a sense of national purpose, and the looseness of the form allowed the inclusion of novelesque episodes and digressions on contemporary events. Similarly, the emergence of a specifically religious form of the epic, as in the *Cristiada* of Hojeda (1611), seems a natural consequence of the didactic intentions of the Counter-Reformation. From a literary point of view, the amount of good poetry contained in the verse-epic is small, compared with the mass of mediocre writing which the genre encouraged. Nevertheless, its best practitioners—Ercilla, Balbuena, Hojeda, the Lope de Vega of the *Jerusalén conquistada* (1609)—are often impressive, sometimes for quite long stretches at a time. Moreover, it is clear that such poems were read seriously by other poets of the period. As Antonio Vilanova has shown in his investigation of the sources of the *Polifemo*,[5] Góngora is indebted to the writers of literary epic for many details of vocabulary and phrasing, and there are signs that he studied a poem like the *Araucana* with the same degree of attention he gave to Garcilaso or Camoens.

Unlike the epic, the mythological fable has no special justification in poetic theory. Its popularity with poets can be explained partly by the opportunities which it gave for extended narration and partly by sixteenth-century interest in Ovid. It is important to realize that for the Renaissance, as for the Middle Ages, the poems of Ovid were a source of wisdom as well as a literary model. For many centuries, the *Metamorphoses* had provided the standard versions of classical myths, and in the course of the Middle Ages a vast body of commentary had made readers familiar with the concept of an "Ovide moralisé", whose stories of pagan gods and heroes could be related allegorically to Christian teaching. Much of this learning was carried into the Renaissance through handbooks like Boccaccio's *De genealogia deorum* (1st edition, 1472), a work which was reprinted a number of times in the sixteenth century, and symbolic interpretations of classical myth find their way into many of the emblem-books of the time. This system of fixed significances was still available to Renaissance writers: thus, when Quevedo refers to Icarus and Midas in his sonnet "En crespa tempestad de oro undoso" (p. 103), it is not because he wishes to display his erudition (the references themselves are commonplace), but because these are economical ways of referring to rashness and greed. In the mythological fable itself, what begins as simple narrative may sometimes take on a deeper meaning. The average poem of this kind is usually no more than a free imitation of the Ovidian original, and in the seventeenth century mythological subjects tend to become vehicles for stylistic display, whether serious or burlesque. Occasionally, however, a myth is handled in such a way as to suggest wider issues of human experience. There is already a hint of this in the Third Eclogue of Garcilaso, where several well-known myths are brought to bear on the poet's own emotional situation. In the finest and most original of the mythological fables, Góngora's *Fábula de Polifemo y Galatea* (1613), part of the richness of the poem comes from the way in which the relationship between Polyphemus, Acis, and Galatea is made to reflect on the validity of men's "natural" desires, and the extent to which these are encouraged or hindered by Nature itself. Góngora's treatment of myth, in fact, is more complex than that of any other seventeenth-century poet: the sensuous energy of the *Polifemo* and the delight in burlesque which appears in some of his earliest poems (see, for example, lines 31–44 of "Ándeme yo caliente . . ." (p. 35)), are equally characteristic, and both tendencies meet in one of his most difficult and puzzling works, the *Fábula de Píramo y Tisbe* (1618). And in his most ambitious and original poem, the *Soledades* (1613–14), he moves away from the Ovidian fable to create a myth of his own, an artificial world of beauty in which pastoral and mythological elements are used to celebrate the richness of a creation unspoiled by human corruption.

II

This brief survey by no means exhausts the different kinds of poem written in the seventeenth century. At this point, however, it seems reasonable to go beyond the evolution of genres and individual forms and to look for the general principles of style which underlie such apparent diversity. One answer to this kind of inquiry is suggested by the use of the word "Baroque", a concept which has received a lot of attention from recent scholars and critics.[6]

The current notion of the Baroque as applied to literature derives in the first place from art history, where the term came to be used as a means of describing certain differences between Renaissance art and later developments in the sixteenth and seventeenth centuries. It is often argued that specific changes in the other arts are reflected in poetry. The exponents of this view maintain that new principles of construction in painting, sculpture and architecture have their counterparts in new types of poetic structure, for example, in changes in the internal patterning of the sonnet, and, similarly, that innovations in visual content correspond to an enriching of literary imagery and vocabulary. These supposed parallels may be either formal or thematic. Certain themes—e.g. the instability of appearances, the devastating force of time—are seen as characteristic of the Baroque, along with particular key-symbols which appear in both literature and the arts: the hour-glass, ruins and gardens, life as a bubble or as the water of a fountain. Such themes and symbols are often taken as representing a distinctive "Baroque sensibility", which, so far as poetry is concerned, is associated with specific differences in form. To give one example: modern art historians have noticed a contrast between the tendency of Renaissance architects to divide the surface of a building into clearly defined sections and the Baroque preference for a single overall pattern covering the whole of a given surface. In discussions of poetry, the same argument has been used to distinguish between the structure of a typical Renaissance sonnet, with clear breaks between quatrains and tercets, and that of later sonnets in which the syntax overrides these conventional divisions. In both architecture and poetry, the difference has been described as one between multiplicity (the stressing of the individual parts) and unity (the submergence of the parts in the whole). Confining ourselves to poetry, we may admit that both kinds of poem exist, but at the same time want to argue that, here at least, the distinction between multiplicity and unity is misleading, and that if each poem is successful, it will have achieved a unity, though by different means. It is doubtful, in fact, whether the structure of language of a poem can ever be strictly compared with the structure and details of a work of art. Even when certain seventeenth-century poets show a tendency to use elaborate colour-effects and to introduce painting terms into their descriptions (see, for example, the sonnet by Jerónimo de San José on p. 164), artistic criteria can only be applied at one remove, i.e. to the picture created in the reader's imagination. As for the recurrence of certain themes and images, this tells us nothing about the quality of the poetry, and very little about its moral content.

If the attempt to approach poetry through terms valid in painting and the other arts has produced a whole series of complex subtleties which are not helpful for analysing poems, it seems equally questionable to set a "Baroque sensibility" against that of the preceding period. In recent discussions, Baroque art and literature are invariably linked with the "spirit of the age", and particular emphasis is placed on the effect of the Counter-Reformation in Italy and Spain. Hatzfeld, for example, defines the literary Baroque as "la evolución del Renacimiento hispanizado en el momento en que se celebra el Concilio de Trento". Despite the great cultural importance of the Counter-Reformation and its influence on certain types of religious verse (see above, pp. xviii and xx), it is doubtful whether it remoulded existing poetic traditions as completely as this definition suggests, and its effect on secular literature is much more difficult to judge. What is more, the tendency to look for contrasting qualities runs the risk of suggesting that writers of a later age were reacting against those of an earlier one. In the sixteenth and seventeenth centuries, this may be true at the level of ideas (the Counter-Reformation *was* in many ways a reaction against Renaissance values), but it hardly applies to poetic style, which shows a remarkable continuity throughout. This idea of a steady development is, in fact, confirmed by recent writers on the Baroque, some of whom describe the course of Renaissance style in four stages: Renaissance—Mannerist (a transitional style)—Baroque—late Baroque. Whether one accepts this scheme or not, the important point is that seventeenth-century poets do not deliberately exclude any aspect of sixteenth-century theory or practice.

One should never, in fact, underestimate the particular tradition which exists at any time within a given art. To put the matter simply, a serious poet is likely to be influenced more deeply by the poetry he knows than by any other factor. Next in importance, but already implied in this, are the critical standards by which he is guided in writing his own poems and by which his contemporaries can be expected to judge them.

These critical assumptions are contained in the body of poetic theory which seventeenth-century writers inherited from the Renaissance, and can be summarized as follows:[7]

(i) In the widest sense, the purpose of poetry is related to Renaissance views on the nature of the universe. The basic conception is of a hierarchical creation, in which everything has its place within the natural order. In neo-Platonic theory, the relation between earth and heaven is that of a "microcosm" to a "macrocosm"—a "little world" dependent on a greater—and all things on earth are imperfect copies of heavenly archetypes. Poetry, therefore, is expected to look beyond the particular to the universal or archetypal; a poet will never describe things merely for the sake of description, and the individual images of a poem, if they are successful, will suggest the universals on which they are based.

(ii) More specifically, the aim of poetry is expressed in the Horatian formula "prodesse et delectare": "to give profit and delight". This notion combines both the didactic and the aesthetic. On the surface, it suggests a "message" made palatable by the addition of ornament, but in practice it works more subtly than this. When a Renaissance critic talks about the "cause" of a poem, he means both its subject and the poet's intention in writing it. The subject will impose certain conditions on the poet—different kinds of poem have their own conventions of vocabulary and diction—but it is these conditions which call forth the artistic skill with which the poet embodies his intention in a work of art. Thus, poetry claims to express truth, though not in the sense of ideas which can be detached or paraphrased. The criterion of "delight" insists that the truth which a poem contains shall be conveyed as part of an aesthetically satisfying whole, and in this both concepts and feeling have their place. In other words, the reader is more likely to be convinced of a poem's truthfulness if he finds pleasure in the relation between words and subject.

(iii) The key-term here is *decorum*, the idea of what is fitting in a given context. Most other Renaissance critical ideas are related to this, just as the idea itself reflects the contemporary belief in a divinely-ordered universe. It is decorum, for example, which determines the differences between individual styles and genres, and which controls the choice of vocabulary and images in each.

(iv) The idea of a poem's "truthfulness" also brings in one sense of the term *imitation*, that in which a writer is held to "imitate" nature. This is related to (i): a Renaissance poet does not imitate nature in a literal or realistic sense (sensuous images in descriptive writing should indicate universals), and precise detail is successful only in so far as it relates to the wider, more conceptual meaning of the poem. The philosophical division between particulars and universals is supported by the Aristotelian distinction between history and poetry: history is concerned with the local and particular, poetry (in the sense of all imaginative writing) with the ideal and the universal. The Renaissance conception of nature itself is important here. Since nature is regarded as the source of all forms, the poet can never be regarded as achieving order out of chaos. However much Renaissance critics speak of the poet as "improving on" nature, the sense is always one of co-operating with nature to reveal truths which are already implied, though possibly overlooked. The principle of imitation assumes that the poet behaves in a way like nature itself: both can be regarded as craftsmen engaged in producing an artefact, an idea which is brought out very strongly in Garcilaso's Third Eclogue, lines 57–64. Here one returns to the principle of decorum. The ability to choose the most fitting image is vital in carrying out this process, just as it is in the other two aspects of imitation: the fact that the poet is imitating a pattern which is implied in nature and that he is attempting to convey the truth which this pattern embodies.

(v) Decorum is also responsible for the Renaissance theory of styles. Fundamentally, there are three styles—the low or "base", the "mean" and the high or "elevated"—which are related, not always consistently, to individual forms or genres. Thus, the epic demands the high style (a fact which helps to account for its revival in the sixteenth century); the mean (or middle) style covers the more serious kinds of lyric poetry, while the base style is suitable for satire, light verse and poetry dealing with humble people and situations.

This general division does not aim at placing every poem in one of three boxes. Broadly speaking, a poem is taken as belonging to one or other of the three styles, but in practice it may contain a mixture of styles without necessarily offending against decorum. No image is inherently decorous, and its appropriateness depends entirely on the context. Thus, homely or prosaic images, which suggest the base style, may be justified in a serious lyric, provided they do not conflict with the poet's intention. (A desire to convey the insignificance of something will be more decorously expressed by a trivial image than by a more weighty one.) Similarly, poems which seem deliberately to play off one style against another generally observe decorum in their individual images. A semi-burlesque poem like Góngora's *Fábula de Píramo y Tisbe* involves more than a simple juxtaposition of the elevated and base styles. Its technique, in fact, assumes a detailed awareness of what is appropriate to either style on the part of its readers and, though it presses certain types of contrast to their limit, these lose much of their point unless they are related to the principle of decorum.

(vi) All these questions bear directly on the Renaissance understanding of the nature of poetic images and metaphor. If poetry is more concerned with the universal than with the particular, the main function of images and epithets will be to direct the reader's mind towards the *value* of what is being described, rather than to its precise physical appearance. Similarly with metaphor, which, if properly used, will help to define the poem's meaning by stating a just affinity between different objects. Here again, the didactic and the aesthetic work together: there is no reason why a metaphor should not appeal to the senses; this is one of the natural properties of metaphor. What really matters, however, is the relationship which it sets up between the objects compared, rather than the nature of the objects themselves.

(vii) Because of its firm conceptual basis, Renaissance poetry succeeds in combining qualities which have been treated as incompatible by more recent theories of poetry. Above all, there is no sense of conflict between figurative and non-figurative language; abstractions and plain statements may contribute just as much to the final effect as images and metaphor. Logic and rhetoric are not felt to be anti-poetic, since all types of language may co-operate in expressing universal values.

This body of ideas on the nature of poetry remains unchallenged in the seventeenth century, though certain new implications are drawn from it, and these are reflected in stylistic developments which are often thought of as "Baroque". The most striking of these are the twin tendencies known as *culteranismo* and *conceptismo*, both of which have their roots in Renaissance theory and practice, but which assume a quite unprecedented importance in the early seventeenth century.

Culteranismo represents a conscious attempt to enrich the language of poetry by assimilating it more closely to Latin. Its theoretical justification lies in a quite different sense of the term "imitation": that by which Renaissance poets are recommended to "imitate" the best writers of antiquity as a means of perfecting their own style. This intention is already clear in the fifteenth-century poet Juan de Mena (1411–56), many of whose neologisms, or words coined from Latin models, are taken up later by Herrera and Góngora. In Góngora himself, the desire to rival the literary status of Latin is quite explicit: "De honroso, en dos maneras considero me ha sido honrosa esta poesía (the *Soledades*); si entendida para los doctos, causarme ha autoridad, siendo lance forzoso venerar que nuestra lengua a costa de mi trabajo haya llegado a la perfección y la alteza de la latina" (letter to Pedro de Valencia of 1613 or 1614). The signs of this are evident in almost every line of Góngora's major poems: words like *canoro*, *lascivo*, *prolijo*, *impedido* not only elevate the tone of the verse but help to create its characteristic weight and movement. The effect on syntax is even more striking: Góngora's sinuous verse-periods systematically exploit the possibilities of hyperbaton—the displacement of normal word-order—beyond the limits of sixteenth-century practice. The results are not only complicated, but often highly expressive. Again, the best examples occur in the *Polifemo* and the *Soledades*, though there is a good instance in the sonnet which begins "Máquina funeral, que desta vida ..." (p. 22). Though this poem owes a lot of its force to the skill with which one conceit is made to flower from another, syntax plays an important part in underlining the sense, particularly by stressing certain key-images. The whole poem, in fact, consists of a single fourteen-line sentence which is brilliantly played off against the sonnet-form. Thus, in the first eight lines, the series of nouns in apposition ("Máquina ... pira ... bajel") are clearly marked off from their accompanying clauses by their position at the beginning of the line, and the delayed appearance of the only main verb—"farol luciente *sois*" (l. 9)—is emphasized by the slight pause after the second quatrain. One can observe other similar devices, for example, the effect of the parallel constructions in the last two lines which triumphantly bring to a head the more irregular movement which precedes them, or the way in which Góngora develops a whole series of conjunctions of the *si no* type in order to control his interlocking images. The important point, however, is that the creation of such a diction represents a deliberate attempt to invent a distinctive poetic language which will take over some of the functions of the "high" style from the epic.

The *culto* style also brings with it an intensification of classical allusions and a preference for a particular kind of metaphor. Góngora's classical allusions are not difficult in themselves (they could probably all be found in the *Metamorphoses* of Ovid), but they are harder to grasp when they form the basis of a metaphor. Thus in the sonnet just discussed, we are not only expected to recognize a reference to Castor and Pollux, but to be capable of making the mental leap from *bajel*, which in itself is a metaphor, to the idea of divine protection (see notes, p. 208). By using metaphor in this way,

Góngora is enlarging the possibilities of Renaissance practice, rather than denying the theory which lies behind it. Very often in his work he will build a new metaphor on the basis of another, more conventional, comparison. One of his most frequent devices consists of turning a hackneyed simile into metaphor. So, in *Angélica y Medoro* (p. 28), Angélica is described as "una ciega con dos soles" (l. 68): her eyes, that is to say, are not *like* two suns, they *are* two suns. Góngora's originality lies not only in creating this kind of metaphor, but in using it to construct a system in which many different types of object can be referred to in terms of one common attribute. Thus the single word *cristal* may refer to water, tears or the limbs of a woman; *oro* can denote anything which is golden, and any more specific qualities are conveyed by epithets: *oro líquido* = "olive oil". The effect of this technique, in Dámaso Alonso's phrase, is to create "una especie de simplificación ennoblecedora del mundo", which forms part of the central purpose of the *Soledades*, and can be seen on a smaller scale in *Angélica y Medoro*. Again, Góngora is taking one of the basic concepts of Renaissance theory to its logical conclusion: if the particular attributes of objects are suppressed or evaded, one is left with a network of images which are related, with unusual directness, to the world of universals.

It is hard to know whether Góngora himself would have rationalized the effect of his poetry in this way. The passages in which he defends his major poems do so partly on the grounds that their obscurity will prove illuminating to those who are capable of reading them. Some of his contemporary critics, like Cascales, admit that such stylistic innovations are individually justified, but claim that they are used to excess. Quevedo, for his part, objects to the use of Latinisms, and seems to imply that a poet should draw only on the resources of the living language. (Commenting on Herrera's phrase "alma belleza", he writes: "No se debe hablar en este sentido latino, porque la propia voz dice otra cosa en la propia lengua; como no se puede decir *redimió* la cabeza, por 'coronarla', como dijo Horacio".)

Until fairly recently, it was usual to regard *culteranismo* and *conceptismo* as opposing phenomena, with Góngora and Quevedo as their respective exponents. The evidence of the poetry itself, however, contradicts this: Góngora's *culto* poems would be much less effective without the firm structure of poetic conceits which underlies them, and the quarrel between Góngora and Quevedo is really over the question of *culteranismo* and the attitude to the language which this involves. Apart from this, they are both *conceptista* poets, and there is a large area in which the basic technique of their work overlaps. This also suggests the general relationship between *conceptismo* and *culteranismo*: contrary to the older view, these are not a pair of opposing tendencies, but a particular way of using metaphor (*conceptismo*), and a distinctive type of poetic language (*culteranismo*) which may be combined with the basic metaphorical technique.

Conceptismo is not peculiar to Spanish poetry, but is part of a general European movement which includes the English metaphysical poets, as well as a number of seventeenth-century French and Italian writers. It takes its name from the *concepto*, or conceit, which is its central stylistic device. Though many definitions of the poetic conceit are given by theorists of the time, its essential nature lies in establishing an intellectual relationship between two dissimilar terms. This, of course, is one of the normal functions of metaphor, and the majority of seventeenth-century conceits are examples of the figure known in traditional rhetoric as *catachresis*, or "violent metaphor". Both the appeal to the intellect and the effect of surprise are important: conceits are often praised for the wit which the poet displays in finding an unexpected relationship between remote objects. To quote Helen Gardner: "A conceit is a comparison whose ingenuity is more striking than its justness, or, at least, is more immediately striking. All comparisons discover likeness in things unlike: a comparison becomes a conceit when we are made to concede likeness while being strongly conscious of unlikeness".[8] Thus, the difference between conceit and ordinary metaphor is only one of degree, and both have the same justification in Renaissance poetic theory. Just as in other kinds of figurative language particulars are continually referred to universals, so the idea of the conceit assumes a universe in which the terms it links are already, in a sense, connected. As the seventeenth-century Italian theorist Tesauro put it: "Whatever the world has of wit either is God or is from God", so that the poet can only express relationships which already exist in creation. Not all conceits measure up to this ideal, and many fail because they are forced or arbitrary. A successful conceit, however, will have the effect of a sudden illumination which extends the reader's perceptions by making him aware for the first time of a genuine, though surprising, relationship.

Though conceits may be used for many different kinds of effect, in practice one can distinguish between two basic kinds, which may be called the ornamental and the organic, according to their actual function within a poem. (i) An "ornamental" conceit is simply a self-contained piece of wit, indulged in for its own sake, which has no further purpose in the context. Thus, in *Angélica y Medoro*, lines 89–90 (p. 30), Góngora makes Cupid drive away Envy by using his bowstring as a scourge: "¡Qué bien la destierra Amor,/haciendo la cuerda azote...". The ingenuity consists in seeing the connection between two possible uses of *cuerda* (as a bowstring and as a scourge), and in using it to create a pleasant mental picture which is appropriate to the immediate context, but has no further reverberations.

(ii) An "organic" conceit is one which has an organic function in the context, illuminating a particular theme or idea which is important, either for the poem as a whole, or for a substantial part of it. So, in *Angélica y Medoro*, the lines "Tórtolas enamoradas/son sus roncos atambores" (97–98) are made to embody the love-war comparison on which a great deal of the poem is based. Here the element of surprise is obvious: doves are normally thought of as symbolizing peace, not war, but once the connection has been made between the cooing of the doves and the sound of drums (*roncos atambores* includes both), we accept the association as just and expressive in the context. (An example like this brings out another characteristic of the conceit: the fact that a connection is often made on the basis of a single affinity—in this case, sound—and that one is expected to discard a quantity of irrelevant associations in order to concentrate on the one link. This accounts for the typically "pointed" effect of many conceits, in contrast with ordinary metaphors which rely on a greater number of affinities.)

The best way to grasp the nature of a poetic conceit is to see how it operates within the context of an entire poem. Take, for example, the sonnet by Quevedo which begins "En crespa tempestad del oro undoso..." (p. 103). The opening of this poem (lines 1–8) is based on the idea that love is a source of danger to the lover. The conceits of the first four lines attempt to show this in a particularly vivid way, among other things by making possible the simultaneous perception of the twin sources of danger ("water" and "sun"), which are later expanded by the examples of Leander and Icarus. As Professor A. A. Parker has shown, in his excellent analysis of this poem,[9] the point of these conceits is that the woman's hair is all these things at once. The idea of suffering through love can be related to the courtly love tradition; in Quevedo's poem, the conventional idea is expressed in a number of conceits arranged to form an organic structure—in fact, "organic" conceits.

The next three lines (9–11) define the poet's attitude to his suffering. The final tercet takes up the central idea—that the reason knows what the heart's punishment will be—and presents it through the examples of Midas and Tantalus. Leander and Icarus illustrate the theme of danger; Midas and Tantalus refer to another, closely-related, aspect of courtly love: the state of "having and not having" —a slight shift of emphasis from one part of a convention to another, but no essential difference.

But if we look more closely at the preceding lines (9–11), we find that it is not really enough to say that Quevedo is defining his attitude to his suffering (though he is doing just that); it is also a question of the way in which the attitude is presented. To begin with, there is a carefully-maintained distinction between reason and passion: "encendidas / sus esperanzas, que difuntas lloro". Again, the poem as a whole deals with the eternity—that is to say, with the spiritual aspect—of human love, so that the contrast between the spirit and the senses involves the opposition between the eternal and the temporal: "The heart acts as if love were eternal; the reason knows that it is not". It is this basic opposition—in itself, one of the great paradoxes of traditional metaphysics—which is projected into the image of the phoenix. The terms of the conceit are *corazón* and *fénix*, in themselves concrete objects; what links them is the idea of burning. The action implied (*encendidas / sus esperanzas*) selects from the two terms only those properties which are relevant to the comparison: that is to say, the essential process is one of abstraction. The contrast here is not between *fénix* and *corazón*, but between the heart's belief that it will be reborn and the reason's knowledge that it will die. The whole tendency of the poem is to maintain the distinction between reason and passion, and the conclusion suggested by the last three lines is that, though he may acknowledge reason to be in the right, the lover will continue to act as his passion demands. Thus the final effect consists in holding together terms which are normally regarded as irreconcilable: in the phoenix image, the juxtaposition of eternal and temporal qualities is surprising, as any conceit must be, yet at the same time is not arbitrary. It is possible to speak of unity, and what tension remains lies in the nature of the metaphysical opposition, not in the mechanism of the conceit itself.

Though *conceptismo* is a seventeenth-century phenomenon, its roots lie firmly planted in Renaissance arguments about the purpose of metaphor, and the use of individual conceits is, of course, older still. The movement itself, on the other hand, crystallized only when such arguments came to be used as the conscious basis of poetic technique. In this connection, it is interesting that late sixteenth-century discussions of metaphor should tend more and more towards the defence of poetic difficulty. Compared with earlier Renaissance theorists, who rely mostly on a combination of Horace and Aristotle's *Poetics*, later writers give more of their attention to the *Rhetoric*, which contains Aristotle's fullest account of the nature of metaphor. The discourse on metaphor included in Herrera's edition of Garcilaso (1580) is, in fact, based very closely on the relevant passages from the *Rhetoric*. Here, speaking of the way in which metaphor enriches poetry by widening the area of meaning, Herrera writes: "y entre otras cosas debe acontecer esto, o porque es demostración y gloria del ingenio traspasar las cosas que están ante los pies y servirse de las apartadas y traídas de lejos; o porque el que oye va llevado con la cogitación y pensamiento a otra parte, pero ni yerra ni se desvía del camino". This could almost stand as a defence of *conceptismo*, and Góngora uses a very similar argument in defending the *Soledades*: "la obscuridad y estilo entrincado de Ovidio ... da causa a que, vacilando el entendimiento en fuerza de discurso, trabajándole (pues crece con cualquier acto de valor) alcance lo que así en la lectura superficial de sus versos no pudo entender; luego hase de confesar que tiene utilidad avivar el ingenio, y eso nació en la obscuridad del poeta".

Both these statements refer to the *ingenio*, or wit, as the means by which remote connections are perceived. *Ingenio* is also the power which produces conceits, and the term itself suggests the intellectual character of the process. In seventeenth-century theory, the *ingenio* comes to be regarded not only as the prime instrument of poetic choice, but as the metaphysical core of poetic style. The boldest and most elaborate attempt to justify the conceit along these lines was made by Gracián in his *Agudeza y arte de ingenio* (1646), and the difficulties into which it leads him bear directly on the limitations of Renaissance theory. These difficulties arise partly because Gracián wishes to prove that the conceit is different in kind from all other types of figurative language. In order to appear to do this, he has to regard metaphor chiefly as verbal ornament and to overlook the strong intellectual basis which it has in Renaissance theory. For Gracián, metaphor and other tropes belong exclusively to rhetoric, and the *ingenio* is a special type of intellectual act, which is distinct from both rhetoric and dialectic. Again, this view of the *ingenio* is made to include a number of functions which cannot be treated as purely intellectual: the conceit which is produced by the *ingenio* is held to convey both beauty and truth. In the end, therefore, the *ingenio* is made to seem a kind of creative intellect combining both logical and aesthetic functions. What Gracián wishes to retain is the sense in which a conceit functions as an experience; his difficulty here is that traditional theory is of no help to him in explaining how experience may be identified with thought. The result is that, in some of his most central arguments, Gracián seems to be moving away from Renaissance theory towards a more modern conception of knowledge in which aesthetic intuition can become part of the process of knowing.

The justification of poetic theory, however, lies in the poems which it helps to produce. If Gracián deserves the credit for expanding Renaissance theory up to, and beyond, its furthest point of logical consistency, it was left to Góngora, Quevedo and their contemporaries to carry Renaissance practice to its greatest pitch of refinement, and to discover the use of a language which is neither superficial nor decorative, but organic and profound. Their all-inclusiveness was perhaps by its very nature precarious, a unique combination of talent and circumstance, and once these changed or were no longer present, the tradition itself was quickly exhausted. Yet the fact remains that, while it lasted, this tradition produced a volume of writing which, in all its variety and richness, is one of the most distinguished achievements in European poetry.

III

Finally, a note on the principles I have tried to follow in making this anthology. I have included only complete poems, in the belief that fragments, however interesting, are unsatisfactory material for the making of critical judgements. Inevitably, there are poets who appear diminished by this kind of treatment. Góngora, in particular, cannot be fully appreciated without a knowledge of the *Polifemo* and the *Soledades*, but the inclusion of any one of these poems would have meant expanding the notes beyond reasonable proportions. Fortunately, a number of excellent editions of Góngora's major poems already exist, and these are easily accessible to the interested reader. Similarly, the literary epic may be sampled at length in Professor F. W. Pierce's fine anthology, *The Heroic Poem of the Spanish Golden Age* (Dolphin, Oxford, 1947). It is a pity that no such anthology exists for the mythological fable, though a number of these are included in the volumes of the *Biblioteca de autores españoles*, and J. M. de Cossío's book, *Fábulas mitológicas en España* (Madrid, 1952), quotes liberally from a great many authors. I have also excluded passages from the drama of the period, except for two well-known poems from Lope de Vega's *La Dorotea*. Here, as in the poems taken from Cervantes's prose works, the test was that each piece should be self-contained. If space had allowed, I should also have liked to include some of the many popular lyrics contained in the plays of Lope de Vega and other dramatists; however, a representative selection of these will be found in *Antología de la poesía española: poesía de tipo tradicional*, ed. D. Alonso and J. M. Blecua (Gredos, Madrid, 1956).

The introductory notes to each poet are intended to combine the most important biographical facts with a brief critical "placing" and a reference to the best, or most accessible, modern edition. The notes to the poems are mainly concerned with points of interpretation and with allusions which may be unfamiliar to modern readers. Difficult passages are sometimes paraphrased in English, at other times in Spanish—whichever seemed to bring out the meaning of the original more clearly. The meanings of words and forms which would not normally be found in a good modern Spanish–English dictionary are also given in the notes, and I have occasionally quoted definitions from two older dictionaries, the *Tesoro de la lengua castellana* of Sebastián de Covarrubias (1611) and the *Diccionario de autoridades* (1726–37), both of which are invaluable for a study of seventeenth-century vocabulary.

The spelling of the texts has been modernized, except where this would involve a change of pronunciation. Contractions like *dello(s)*, *della(s)*, *destos(s)* and *desta(s)* are retained, as is the form of the infinitive + object pronoun construction *vendello = venderlo*, etc., since they are often rhymed with words like *bello(s)*, *puesto(s)*, *puesta(s)*. The consonant groups CT, GN and PT may be simplified, as in *efeto*, *perfeto*, *dino*, *indino*, *conceto*, *preceto*, and these forms are also at times necessary for the rhyme. Certain vowels are unstable in the seventeenth century, compared with modern usage, and where the spelling of a word seems to indicate a deliberate choice of sounds, it has been preserved, as in *escuro*, *escuridad = oscuro*, *oscuridad*, *mormurar = murmurar* and *sepoltura = sepultura*. Other archaic forms include *agora = ahora*, *apena = apenas*, *trujo = trajo* and *vide*, *vido = vi*, *vio*.

Those who require a more scholarly text may refer to some of the editions listed in the notes, though seventeenth-century spelling is by no means consistent and even the best modern editions of seventeenth-century poets vary a good deal in the criteria they adopt. Again, by modern standards, seventeenth-century writers and printers tend to overpunctuate, and occasionally I have modified the punctuation of a poem in order to make the meaning clearer.

Lastly, I should like to thank those friends who have helped me with advice and encouragement at various stages in the making of this anthology, especially Professor A. A. Parker, Professor E. L. Rivers, Srta. Guadalupe Martínez Lacalle and Dr. N. G. Round.

NOTES

[1] Louis L. Martz, *The Poetry of Meditation*, Yale University Press, 1954; 2nd edition, 1962.

[2] For a fuller discussion of the courtly love tradition, see Vol. I of this anthology, pp. ix-xii.

[3] Otis H. Green, *Courtly Love in Quevedo*, University of Colorado Press, 1952.

[4] Luis Rosales, *La poesía cortesana*, in *Homenaje a Dámaso Alonso*, Vol. III, Gredos, Madrid, 1963, pp. 287–335 (quotation from p. 307). This essay has since been reprinted, with some additions, in Rosales's book, *El sentimiento del desengaño en la poesía barroca*, Madrid, 1966.

[5] Antonio Vilanova, *Las fuentes y los temas del "Polifemo" de Góngora*, Revista de Filología Española, Anejo 66 (2 vols.), Madrid, 1957.

[6] This is not the place to examine the full implications of the term, still less to engage in the controversy which surrounds it. The few points which I make here do less than justice to the intricate arguments of some writers on the Baroque, and there would be no sense in denying the value of such discussions in drawing attention to neglected areas of poetry or to similarities between poems in different languages. For a more exhaustive treatment of the subject, the reader is referred to the books by Hatzfeld, Orozco Díaz and Cohen listed in the Bibliography.

[7] Parts of this summary are based on the Introduction to Vol I. of this anthology, pp. xvii-xxv, where some of the points are referred to individual poems.

[8] *The Metaphysical Poets*, ed. Helen Gardner, Penguin Books, London, 1957, p. 21.

[9] A. A. Parker, *La "agudeza" en algunos sonetos de Quevedo*, in *Estudios dedicados a Menéndez Pidal*, Vol. III, Consejo Superior de Investigaciones Científicas, Madrid, 1952, pp. 345–60.

NOTE ON VERSIFICATION

SPANISH metres are classified according to the number of syllables in the line. The most common metres in this period are the hendecasyllable (*endecasílabo*), the octosyllable (*octosílabo*), the heptasyllable (*heptasílabo*) and the hexasyllable (*hexasílabo*). These lengths are calculated on the basis of a line ending in a stressed syllable followed by a single unstressed syllable. Thus, a standard hendecasyllable (or 11-syllable line) will run:

Lle|vó | tras | sí | los | pám|pa|nos | oc|tu|bre
 1   2   3   4   5   6   7   8   9 10 11

Two variations are possible: a line may end in a stressed syllable:

A|mor, | a|mor, | un | há|bi|to | ves|tí
1   2   3   4   5   6 7 8   9   10

or in two unstressed syllables:

del | Mau|ri|ta|no | mar | al | mar | At|lán|ti|co
 1   2   3 4 5   6   7   8   9   10 11 12

Both these lines are hendecasyllables; the decisive factor is that the final stress falls on the tenth syllable.

If two vowels come together, either within a single word, or at the end of one word and at the beginning of the next, they are normally slurred and count as a single syllable:

No‿os | en|ga|ñen | las | ro|sas | que‿a | la‿au|ro|ra
  1   2   3   4   5   6   7   8   9   10 11

(Mute *h*, with rare exceptions, does not prevent this:

mas | no | po|drá| ja|más, | ¡oh | due|ño‿her|mo|so!)
 1   2   3   4   5   6   7   8   9   10 11

Hiatus of vowels is rare in Spanish after 1450, except in words where it normally occurs, such as *río, hastío, vendía*. In other instances, it is sometimes indicated by the use of a diaresis (e.g. *süave, jüicio*).

The rhythms of Spanish verse are extremely flexible, and one must be careful not to count too many stresses in the line. (Though any word of more than one syllable bears a tonic accent, the rhythm of a given line will normally only emphasize a certain number of these.) This applies particularly to the hendecasyllable, which normally contains two main stresses (´) and one or more secondary stresses, or *acentos intermedios* (`). The first main stress may fall on any one of the first four syllables; the second, or *acento fijo*, always comes on the tenth syllable. The most common patterns are: 1st, 2nd or 3rd syllable (main stress)—6th syllable (secondary stress) —10th syllable (fixed stress) and 4th syllable (main stress)—6th or 8th syllable (secondary stress)—10th syllable (fixed stress).

Examples:

        Máquina funeràl, que desta vída
        1   6   10

        Despuēs que en tierno llànto desordéna
        2   6   10

        En los cláustros del àlma la herída
          3   6   10

        En breve cārcel tràigo aprisionáda
           4   6   10

        Cuando me páro a contemplàr mi estádo
              4   8   10

(For a more detailed discussion of verse-rhythm, see Tomás Navarro, *Métrica española*, Syracuse University Press, 1956, especially pp. 175–9, 244–5 and 495–505).

The following are the chief verse-forms represented in the anthology:

canción: in the poetry of the Italianate tradition, the *canción* is the

Spanish equivalent of the *canzone* or Petrarchan ode. The verse-form used in the *canción* is a variable combination of 11- and 7-syllable lines, ranging in length from the quatrains of Medrano's "Si pena alguna, Lamia, te alcanzara" (a conscious attempt to reproduce the lighter effect of a Horatian ode) to the 20-line stanzas of Espinosa's *A la navegación de San Raimundo*. The *lira*, or 5-line stanza, originally introduced by Garcilaso, loses its importance in the seventeenth century, and is replaced by other types of combination. In its longer forms, the stanza is often constructed in two parts, the first consisting entirely of hendecasyllables, with the shorter line(s) occurring in the second part, or forming a transition between the two, as in Rodrigo Caro's *Canción a las ruinas de Itálica*.

décima: a stanza consisting of ten octosyllabic lines, rhyming ABBAACCDDC. It is sometimes referred to as an *espinela*, after Vicente Espinel (1550–1624), who is usually credited with its invention, though it is used by Juan de Mal Lara in a poem written before 1571. Espinel's own term for this kind of stanza was "redondilla de diez versos": it consists, in fact, of two *redondillas* of the ABBA type joined by two link-verses. See Antonio Hurtado de Mendoza, *A la soledad de Nuestra Señora de Balma* and Jerónimo de Cáncer, "Moderno, florido mes".

estribillo: a short group of lines (usually two, three or four) which forms the starting-point for a *villancico* and is repeated, as a whole or in part, at the end of each stanza.

letrilla: a variant of the *villancico*, in which the *estribillo* has become extremely flexible, ranging in Góngora from a single word or phrase to eighteen lines. Like the *villancico*, it consists of a series of strophes, or *mudanzas*, each of which leads back into the refrain.

quintilla: a stanza of five octosyllabic (or shorter) lines, containing two rhymes which may be combined in a number of different ways: ABABA, ABBAB, ABAAB, etc. See Pinto Delgado, "Cual huerto que, de mil flores".

redondilla: a stanza consisting of four octosyllabic (or shorter) lines, rhyming ABAB or ABBA. See Sor Juana Inés de la Cruz, "Hombres necios que acusáis". In the second half of the sixteenth century, the term came to be applied to longer stanzas, which were known as *redondillas de cinco* (*siete*, *ocho*, etc.) *versos*. Góngora's *letrilla* "Ándeme yo caliente" uses a 7-line pattern with an *estribillo* (see also under *décima*.)

romance: Spanish ballads are composed of a series of octosyllables, in which the odd-numbered lines are unrhymed and the even-numbered ones are rhymed in assonance. The same assonance is used throughout the poem. After 1580, there is a strong tendency for *romances* to be written in quatrains, and sometimes a poem will incorporate an *estribillo* or a more lyrical passage in a different metre. See, for example, Lope de Vega, "Hortelano era Belardo"; Príncipe de Esquilache, "Tan dormido pasa el Tajo". The term *romancillo* is sometimes applied to ballads written in shorter metres. See Góngora, "La más bella niña" and Lope de Vega, "Pobre barquilla mía", written in 6- and 7-syllable lines respectively.

seguidilla: a form of dance-song, of medieval origin. In the seventeenth century, it usually consists of a four-line stanza or *copla*, with assonance or full rhyme in the even-numbered lines. Its chief characteristic lies in the combination of two different line-lengths: 7-5-7-5 and 7-6-7-6 (as in Cervantes's "Por un sevillano / rufo a lo valón") are among the most common.

silva: a composition in the Italianate manner, written in hendecasyllables or a free combination of 11- and 7-syllable lines, with no fixed rhyme-scheme or stanza-division. See the two *Psalmos* of Pedro de Espinosa and Soto de Rojas, "Fénix, ausente hermosa".

soneto: The sonnets of Boscán and Garcilaso are modelled on those of Petrarch, and their example is followed by all subsequent poets. The fourteen hendecasyllabic lines are composed of two quatrains + two tercets. The rhyme-scheme of the quatrains— ABBA : ABBA—remains constant throughout the period. That of the tercets varies: some poets (e.g. Cervantes and the early Lope de Vega) follow Garcilaso and Herrera in their preference for CDE: CDE. Lope's later sonnets often use the combination CDC: DCD, which is also favoured by Quevedo and Villamediana.

terceto (*terza rima*): a group of three hendecasyllables, repeated in series with interlocking rhymes: ABA : BCB : CDC, etc. See Fernández de Andrada, *Epístola moral a Fabio*.

villancico: a traditional song-pattern, normally in 8- or 6-syllable lines. It consists of an *estribillo*, or theme-stanza, of two to four lines, which is developed in a series of longer stanzas (often *redondillas*), each of which leads back into the original *estribillo*, or a part of it. The term *villancico* is sometimes applied to the *estribillo* itself.

LUIS DE RIBERA
(1532?–1611)

JUAN LUIS DE RIBERA was born in Seville, but spent much of his life in South America, where his father, Alonso de Ribera, was Captain-General and Chief Justice of Chile. He travelled extensively and eventually settled in Potosí, where he died. His one volume of verse—*Sagradas poesías* (Seville, 1612)—includes 107 sonnets and a number of odes and elegies in *terza rima*, all on religious subjects. Ribera's longer poems are fluent, though undistinguished; several of his sonnets, however, are remarkable for their sensuous richness, in which traditional Christian symbolism is skilfully combined with images from the natural world. *Biblioteca de autores españoles*, vol. 35, Madrid, 1925, pp. 56–67 and 277–89.

I

DE CRISTO YA RESUCITADO

Rosas, brotad al tiempo que levanta
la cabeza triunfal del breve sueño
el sacro vencedor, trocado el ceño,
y huella el mundo su divina planta.

El cisne entre las ondas dulce canta,
y el campo, al espirar olor risueño,
al renovado fénix, sobre el leño
ve pulirse las plumas y se espanta.

Brotad, purpúreas rosas, y el aliento

10 vuestro, mezclado de canela y nardo,
bañe el semblante de carbuncos hecho.
   Mueva el coro la voz y el instrumento;
el coro celestial, si más gallardo,
¿puede ofrecerse a más heroico hecho?

MIGUEL DE CERVANTES
(1547–1616)

MIGUEL DE CERVANTES SAAVEDRA, the son of a surgeon, was born at Alcalá de Henares. After a conventional schooling, he studied for a time in Madrid with the humanist Juan López de Hoyos. In 1569, he went to Italy, where he entered the service of Cardinal Acquaviva. In the following year, he enlisted as a soldier, and was seriously wounded at the Battle of Lepanto (October 7th, 1571). After recovering, he took part in several other Mediterranean expeditions and on his way back to Spain in September, 1575, was captured by Algerian pirates. Cervantes was a prisoner in Algiers for five years; his fine verse-epistle to Mateo Vázquez, Secretary to Philip II, dates from this period. On his return to Spain in 1580, he ran into new difficulties. Unable to find permanent employment, he began to write, but neither his pastoral novel, *La Galatea* (1585), nor his early plays found a ready public. Other obstacles—an unsuccessful marriage, several spells of imprisonment, constant financial insecurity—continued to hinder his career, though the success of the First Part of *Don Quixote* (1605) marked a turn in his fortunes, and in his later years he enjoyed the protection of the Conde de Lemos and the Archbishop of Toledo, Don Bernardo de Sandoval y Rojas. Other works followed: the twelve *Novelas ejemplares* (1613); the *Viaje del Parnaso* (1614), a verse-panegyric containing his judgements on many of his poetic contemporaries; a volume of plays, *Ocho comedias y ocho entremeses* (1615); the Second Part of *Don Quixote* (1615); and the Byzantine novel, *Los trabajos de Persiles y Segismunda*, published posthumously in 1617.

Cervantes's fame as the greatest novelist in the Spanish language has tended to eclipse his minor, but genuine poetic talent. His own modest disclaimer—"Yo que siempre me afano y desvelo / por parecer que tengo de poeta / la gracia que no quiso darme el Cielo"—is well known. Yet his verse-plays, notably *La Numancia*, contain passages of great dignity and power, and the poems scattered through his novels and shorter fiction show him to have been an inspired re-creator of popular forms, as well as an accomplished craftsman in the Italianate manner. Of the two poems I have included, the *seguidillas* are taken from *Rinconete y Cortadillo*, where the verses are sung alternately by four of the characters; the sonnet from *La Galatea*, though less spontaneous, has a resonance and a depth of feeling which raise it above the conventional situation in which it occurs. *Obras completas*, Aguilar, Madrid, n.d.; *Poesías sueltas*, in *Obras completas: Comedias y entremeses*, vol. VI, ed. R. Schevill and A. Bonilla, Madrid, 1922.

2

Por un sevillano
rufo a lo valón
tengo socarrado
todo el corazón.
    Por un morenico
de color verde,
¿cuál es la fogosa
que no se pierde?
    Riñen dos amantes;
10 hácese la paz:
si el enojo es grande,
es el gusto más.
    Detente, enojado,
no me azotes más:
que si bien lo miras,
a tus carnes das.

3

En vano, descuidado pensamiento,
una loca, altanera fantasía,
un no sé qué que la memoria cría,
sin ser, sin calidad, sin fundamento:
    una esperanza que se lleva el viento,
un dolor con renombre de alegría,
una noche confusa do no hay día,
un ciego error de nuestro entendimiento
    son las raíces propias de do nace
10 esta quimera antigua celebrada
que amor tiene por nombre en todo el suelo.
    Y el alma que en amor tal se complace,
merece ser del suelo desterrada,
y que no la recojan en el Cielo.

LUIS BARAHONA DE SOTO
(1548–1595)

BARAHONA DE SOTO was born in Lucena, in the province of Huelva. After studying with the humanist Juan de Vilches in Antequera, he moved to Granada, where his friends included Gregorio Silvestre, Pedro de Padilla and other poets. Barahona was a member of the literary group centred around Alonso de Granada Venegas, Warden of the Generalife, the death of whose wife is commemorated in the eclogue beginning "Las bellas hamadríadas que cría...". After fighting against the *moriscos* in the rebellion of the Alpujarras (1568–70), he studied medicine in Granada, Osuna and Seville, and later practised as a doctor in Osuna and in the small town of Archidona, near Antequera, where he married and was appointed *regidor*. Barahona's satirical sonnet "Esplandores, celajes, riguroso..." seems to have been directed against the elevated diction of Herrera, with whom he was on friendly terms in Seville. His own poetry is linguistically less adventurous than Herrera's, but his taste for descriptive detail and rich colour effects looks forward to poets like Espinosa and Soto de Rojas. His longest poem, *Las lágrimas de Angélica* (1586), though incomplete, remains the most remarkable of the sixteenth-century imitations of Ariosto. His two mythological poems, the *Fábula de Acteón* and the *Fábula de Vertumno y Pomona*, despite their use of traditional metres, are thoroughly Italianate in spirit. Barahona is a good example of a poet who achieves his best effects within a loose narrative framework; his shorter poems are, on the whole, less distinctive, though the one I have included shows something of the individual quality of his imagination. His one prose work, the *Diálogos de la montería*, a treatise on hunting intended for the son of the Duque de Osuna, is of great lexicographical interest. *Las lágrimas de Angélica*, facsimile edition by A. M. Huntington, Hispanic Society of America, New York, 1904; other poems in F. Rodríguez Marín, *Luis Barahona de Soto*, Madrid, 1903.

4

ELEGÍA

¡Quién fuera cielo, ninfa más que él clara,
por gozar, cuando miras sus estrellas
con luces mil, la inmensa de tu cara,

o porque alguna vez te agradas dellas,
o por gozar por siempre tal riqueza,
pues cierto te has de ver contada entre ellas,

o por, desnudo de mortal corteza,
con otra incorruptible eternizado,
conservar por mil siglos tu belleza!

10   Hiciera el aire en tu región templado,
y diérale buen signo y buen planeta
al rico suelo de tus pies pisado.

Jamás prodigio triste ni cometa,
rayo ni trueno, nieve ni granizo,
turbara la región por ti quïeta;

y allí en tus blancas manos, llovedizo,
un torbellino de oro y esmeraldas
cayera, y aun el cielo que lo hizo.

De estrellas te cubriera las espaldas,
20   la luna te pusiera sobre el pecho,
y mil luceros juntos en tus faldas.

Creciera allí la fama, no el provecho;
que dalle a tu beldad tan gran belleza
no fuera más que declarar lo hecho.

Mostrara mi deseo y sutileza,
nacida del amor, pues no pudiera
mostrar, aunque quisiera, más grandeza.

Ninguna más que tienes le añadiera,
   ni puede procurarse, pues si el suelo
30 pudiera caber más, más se te diera.
   Esto hiciera yo por mi consuelo,
   y porque le debieras a mi mano
   lo que le debes al que agora es cielo.
   Al fin te diera, pues esotro es vano,
   el manjar que los años da sin cuenta,
   sacando tu vivir del curso humano,
   y, lo que es más, tuviérate contenta.

VICENTE ESPINEL
(1550–1624)

VICENTE MARTÍNEZ ESPINEL, best-known as the author of the picaresque novel *Vida del escudero Marcos de Obregón* (1618), was born in Ronda. After studying at the University of Salamanca, he travelled extensively in Spain and served for a time in the army of Alexander Farnese in Flanders. In 1584, Espinel returned to Spain, having spent three years in Milan, where he was well known in literary and musical circles. A few years later, he was ordained a priest and obtained a chaplaincy in his native town, whose inhabitants complained frequently of his laxity and absences in Madrid. In 1599, he completed his degree of Bachelor of Arts at the University of Alcalá and was eventually appointed chaplain and director of music at the Chapel of the Bishop of Plasencia in Madrid, where he spent the rest of his life. Apart from his talents as a novelist and a musician (he is credited with the invention of the modern guitar by adding a fifth string to the existing instrument), Espinel had a high reputation as a poet in his own lifetime and was frequently consulted by younger writers, including Lope de Vega. His *Diversas rimas* (1591), which include the first Spanish translation of Horace's *Ars poetica*, are a selection from a larger body of work, part of which still remains unpublished. Espinel's verse has been justly praised for its musical qualities and technical assurance. (His one technical innovation, the *décima* or *espinela*, a ten-line stanza in octosyllables, rhyming abbaaccddc, became one of the most common seventeenth-century verse-forms.) His longer poems are for the most part conscientious imitations of Garcilaso, Petrarch, Dante and Horace, though several of his verse-letters, like that to the Marqués de Peñafiel, show something of the satirical power one finds in his prose. The best of the sonnets are marked by a strong and often egocentric temperament, but it is arguable that his finest achievement is contained in a handful of songs, like the one printed here. *Diversas rimas*, ed. D. C. Clarke, Hispanic Institute, New York, 1956.

5

El vivo fuego en que se abrasa y arde
la sacra Fénix en su fin postrero
muestra que el suyo, inmenso y verdadero,
comenzó presto y cesará muy tarde.
   En quemar sus riquezas no es cobarde:
todo lo abrasa, y sólo aquel primero
amor le resta, porque más entero
el alma propia lo conserve y guarde;
   y como fue de amor su santo origen,
10 el rostro vuelto al sol resplandeciente,
de nuevo enciende el pecho de alabastro,
   de do los miembros que su cuerpo rigen
expiran un amor que eternamente
deje en la tierra y en el Cielo rastro.

6

GLOSA

Mil veces voy a hablar
a mi zagala,
pero más quiero callar,
por no esperar
que me envíe noramala.

VICENTE ESPINEL (1550-1624)

    Voy a decirle mi daño,
pero tengo por mejor
tener dudoso el favor,
que no cierto el desengaño:
10 y aunque me suele animar
su gracia y gala,
el temor hace callar,
por no esperar
que me envíe noramala.

    Tengo por suerte más buena
mostrar mi lengua a ser muda,
que estando la gloria en duda
no estará cierta la pena.
Y aunque con disimular
20 se desiguala,
tengo por mejor callar,
que no esperar
que me envíe noramala.

LUPERCIO LEONARDO DE ARGENSOLA
(1559–1613)

LUPERCIO LEONARDO, the elder of the Argensola brothers, was born in Barbastro (Aragon) and studied in Huesca and Saragossa. In 1585, he became secretary to Don Hernando de Aragón, Duque de Villahermosa; this took him to Madrid, where he was a member of a literary academy, possibly the *Academia de los humildes*. After his marriage in 1593, he became secretary to the Empress Maria of Austria and in 1599 was appointed Chronicler-Royal to the Kingdom of Aragon. The last three years of his life were spent in Naples as Secretary of State to the Viceroy, the Conde de Lemos, with whom he helped to found the *Academia de los ociosos*, a well-known meeting-place for both Spanish and Italian poets. Lupercio is the most classical poet of his generation: his characteristic tone is severe and moralizing, and his verse makes few concessions to either the Petrarchan or the popular tradition. His most obvious influences are Horace and, to a lesser extent, Martial; his verse satires show a remarkable talent for re-creating Latin models in terms of contemporary society. His shorter poems rely for their strength on purity of diction rather than on richness of metaphor, and often achieve great power through extreme simplicity of means. In the words of his most recent editor: "Lupercio es desde el principio un fiel representante de la tendencia académica, clasicista, del Renacimiento ... Supo escribir con impecable elegancia en una época que se deslizaba rápidamente hacia las contorsiones barrocas". *Rimas de Lupercio y Bartolomé L. de Argensola*, ed. J. M. Blecua, Saragossa, 1950–1, vol. I.

7

Dentro quiero vivir de mi fortuna
y huir los grandes nombres que derrama
con estatuas y títulos la fama
por el cóncavo cerco de la luna.
　Si con ellos no tengo cosa alguna
común de las que el vulgo sigue y ama,
bástame ver común la postrer cama,
del modo que lo fue la primer cuna.
　Y entre estos dos umbrales de la vida,
10　distantes un espacio tan estrecho,
que en la entrada comienza la salida,
　　¿qué más aplauso quiero, o más provecho,
que ver mi fe de Filis admitida,
y estar yo de la suya satisfecho?

8

AL SUEÑO

Imagen espantosa de la muerte,
sueño cruel, no turbes más mi pecho,
mostrándome cortado el nudo estrecho,
consuelo solo de mi adversa suerte.
　Busca de algún tirano el muro fuerte,
de jaspe las paredes, de oro el techo,
o el rico avaro en el angosto lecho
haz que temblando con sudor despierte.
　El uno vea el popular tumulto
10　romper con furia las herradas puertas,
o al sobornado siervo el hierro oculto.
　El otro, sus riquezas descubiertas
con llave falsa o con violento insulto,
y déjale al Amor sus glorias ciertas.

9

Si quiere Amor que siga sus antojos
y a sus hierros de nuevo rinda el cuello,
que por ídolo adore un rostro bello
y que vistan su templo mis despojos:
    la flaca luz renueve de mis ojos,
restituya a mi frente su cabello,
a mis labios la rosa y primer vello,
que ya pendiente y yerto es dos manojos.
    Y entonces, como sierpe renovada,
10 a la puerta de Filis inclemente
resistiré a la lluvia y a los vientos.
    Mas si no ha de volver la edad pasada,
y todo con la edad es diferente,
¿por qué no lo han de ser mis pensamientos?

10

Llevó tras sí los pámpanos octubre,
y, con las grandes lluvias insolente,
no sufre Ibero márgenes ni puente,
mas antes los vecinos campos cubre.
    Moncayo, como suele, ya descubre
coronada de nieve la alta frente,
y el sol apenas vemos en oriente
cuando la opaca tierra nos lo encubre.
    Sienten el mar y selvas ya la saña
10 del aquilón, y encierra su bramido
gente en el puerto y gente en la cabaña.
    Y Fabio, en el umbral de Thais tendido,
con vergonzosas lágrimas lo baña,
debiéndolas al tiempo que ha perdido.

BARTOLOMÉ LEONARDO DE ARGENSOLA
(1562–1631)

THE career of Bartolomé Leonardo de Argensola parallels that of his brother, Lupercio, at various stages. After similar beginnings, he became a priest on completing his studies at the University of Salamanca, and was appointed Rector of Villahermosa (Aragon). He lived for a time in Madrid as chaplain to the Empress Maria of Austria and was a member of the *Academia imitatoria*, where he came to know Lope de Vega and other writers. Like Lupercio, he was a friend and protégé of the Conde de Lemos, whom he served for a time in Naples. In 1615, he became a canon of the cathedral of Saragossa and succeeded to the post of Chronicler of Aragon which his brother had at one time held. In his later years, he was a prominent member of several literary academies and left behind him a number of historical works, notably the *Anales de Aragón de 1516–1520*, a continuation of the chronicle of Zurita. Bartolomé's verse has a similar range to that of his brother, but there are some interesting differences. The moral tone, though strong, is generally less severe; the love poems show a more genuine response to feminine beauty, and the best of the religious sonnets have the same direct, confessional quality one finds in those of Lope de Vega. His satires are more discursive, and show a greater power of indignation. Vélez de Guevara's phrase, "divino Juvenal aragonés", conveniently distinguishes this aspect of Bartolomé's work from the more Horatian tendencies of his brother. Taken as a whole, however, their work shares a remarkable consistency in aims and performance, and is an impressive attempt to maintain standards of classical severity in a rapidly changing poetic climate. *Rimas de Lupercio y Bartolomé L. de Argensola*, ed. J. M. Blecua, 1950–1, vol. II.

11

De la unión, Silvio, con que Amor prospera
o endiosa nuestras almas, el conceto
que la esperanza forma es tan perfeto,
que la opresión del yugo le aligera.

Y así, quien ama y dice que no espera,
por ostentar más fe al amado objeto,
a su interior verdad pierde el respeto,
sin cuyo alivio ni alentar pudiera.

Bien que si, generosa en la tardanza
10 (mientras que en gloria no se le convierte),
a finezas más nobles le convida,

sufra y espere; mas con ley tan fuerte,
que aunque le falte esfuerzo, no le pida
jamás el sufrimiento a la esperanza.

12

Amor, que en mi profundo pensamiento
sus nobles fuerzas aprestadas tiene,
tal vez armado hasta los ojos viene,
de donde a los de Cintia lo presento.

Mas ella, opuesta al raro atrevimiento,
para que en lo futuro se refrene,
aquella risa, aquel favor detiene,
con que suele aliviar el sufrimiento.

Huye a su centro el dulce dueño mío,
10 temeroso y cortés; que no hay sujeto
que contra sus desdenes muestre brío.

Yo deste rayo, no por el efeto
que en los mortales hace, me desvío,
mas porque sirve a celestial preceto.

13

    Por verte, Inés, ¿qué avaras celosías
no asaltaré? ¿Qué puertas, qué canceles,
aunque los arme de candados fieles
tu madre y de arcabuces las espías?
    Pero el seguirte en las mañanas frías
de abril, cuando mostrarte al campo sueles,
bien que con los jazmines y claveles
de tu rostro a la aurora desafías,
    eso no, amiga, no; que aunque en los prados
10 plácido iguala el mes las hierbas secas,
porque igualmente les aviva el seno,
    con las risueñas auras, que en jaquecas
sordas convierte el húmedo sereno,
hace los cimenterios corcovados.

14

A CRISTO NUESTRO SEÑOR, ORANDO EN EL HUERTO

    ¿Qué estratagema hacéis, guerrero mío?
Mas antes, ¿qué inefable sacramento?
¡Que os bañe en sangre sólo el pensamiento
de que se llega el plazo al desafío!
    Derramad de vuestra alma otro rocío
que aduerma o arme al flaco sentimiento;
mas vos queréis que vuestro sufrimiento
no cobre más esfuerzo por cobrar más brío.
    Que no es temor el que os abrió las venas
10 y las distila por los poros rojos,
que antes él los espíritus retira,
    sino como se os viene ante los ojos
mi culpa, ardéis de generosa ira,
y en esta lucha aumento vuestras penas.

15
A UN ABOGADO INTERESADO

   ¿Qué mágica a tu voz venal se iguala,
en horrendos carácteres secreta,
Trifón, si cuando nota o interpreta,
saquea la ciudad, los campos tala?
   El cañón con que escribes, que en el ala
se formó de alguna ánade quïeta,
no lo tiene tan fino tu escopeta,
ni arroja así la pólvora y la bala.
   ¡O patrocinio (aunque aproveche) amargo!
10 De mi consejo no pondrá ninguno
en tu fe sus derechos ni sus quejas.
   Demás que para el dueño todo es uno:
o que le coma el lobo las ovejas,
o el pastor mismo que las tiene a cargo.

LUIS DE GÓNGORA
(1561–1627)

LUIS DE GÓNGORA Y ARGOTE was born in Córdoba, of noble parentage. He attended the University of Salamanca from 1576–80, though left without a degree, having established a reputation as poet and card-player. His uncle, Don Francisco, a prebendary of Córdoba Cathedral, renounced his post in favour of Góngora, who took deacon's orders in 1586. Various contemporary references suggest that he took his duties lightly, though later he was entrusted with a number of business missions on behalf of his Chapter and travelled widely inside Spain. In 1617, he moved to Madrid, where he was granted a royal chaplaincy and was ordained priest. His hopes of advancement at Court came to very little; of his two principle patrons, the Duque de Lerma fell from power in 1618 and Don Rodrigo Calderón, Marqués de Sieteiglesias, was executed in 1621. Góngora's letters give a moving picture of his hardships in Madrid; he returned to Córdoba a year before his death, after a stroke which partially damaged his memory. In his last years he had begun to collect his poems for publication, but died before the project was completed.

With Quevedo, Góngora is one of the two greatest Spanish poets of the seventeenth century. As Elias Rivers has written: "Ingenious virtuosity is Góngora's hallmark as a poet; whatever the genre, whether belonging to the popular tradition or to the most learned, he carried to their ultimate consequences, even to the point of burlesque, that genre's implicit potentialities". In his lifetime, he was bitterly attacked by certain contemporaries, including Lope de Vega and Quevedo, for the alleged obscurity of his major poems, the *Polifemo* and the *Soledades*, though personal antipathies play a great part in their criticisms. His admirers replied with detailed commentaries on his work, the most important of which are those by Pellicer (1630), Salcedo Coronel (1638) and Díaz de Rivas. Góngora's true stature as a poet has only been revealed in the last half-century as a result of the studies of Alfonso Reyes, Dámaso Alonso and other critics, the most recent of whom have insisted on the presence of certain major themes—notably the contrast between man's impermanence and the permanence of natural values—which occur repeatedly in his most important work. In particular, Dámaso Alonso has effectively disposed of the theory of Góngora's "two styles", which implied a chronological division between "simple" and "difficult" poems, by showing that the later, more complex poems continue to build on stylistic devices which can be found much earlier, and that the apparent simplicity of other poems is often deceptive. As a poet, Góngora is excited both by the qualities of the popular tradition and by the prospect of raising his own language to the dignity and subtlety of Classical Latin. His success in this last direction can only be fully appreciated by a careful reading of the *Polifemo* and the unfinished *Soledades*, both of which are too long to include in the present selection. Failing these, one can obtain some idea of Góngora's *culto* style at its most original in the *romance* of *Angélica y Medoro*, and in several of the sonnets which I have chosen. *Poesías completas*, ed. R. Foulché-Delbosc, Hispanic Society of America, New York, 1921, 3 vols; *Obras completas*, ed. J. and I. Millé y Giménez, Madrid, n.d.; *Poems*, selected, introduced and annotated by R. O. Jones, Cambridge, 1966 (includes the *Polifemo*); *Soledades*, ed. Dámaso Alonso, Madrid, 1956; *The Solitudes*, text and verse translation by E. M. Wilson, Cambridge, 1965.

16

Mientras por competir con tu cabello
oro bruñido al sol relumbra en vano,
mientras con menosprecio en medio el llano
mira tu blanca frente el lilio bello;

mientras a cada labio, por cogello,
siguen más ojos que al clavel temprano,
y mientras triunfa con desdén lozano
del luciente cristal tu gentil cuello;
   goza cuello, cabello, labio y frente,
10 antes que lo que fue en tu edad dorada
oro, lilio, clavel, cristal luciente,
   no sólo en plata o vïola troncada
se vuelva, mas tú y ello juntamente
en tierra, en humo, en polvo, en sombra, en nada.
(1582)

17

La dulce boca que a gustar convida
un humor entre perlas distilado
y a no invidiar aquel licor sagrado
que a Júpiter ministra el garzón de Ida,
   amantes, no toquéis, si queréis vida;
porque entre un labio y otro colorado
Amor está, de su veneno armado,
cual entre flor y flor sierpe escondida.
   No os engañen las rosas que a la aurora
10 diréis que aljofaradas y olorosas
se le cayeron del purpúreo seno;
   manzanas son de Tántalo, y no rosas,
que después huyen del que incitan ahora
y sólo del Amor queda el veneno.
(1584)

18

A CÓRDOBA

¡Oh excelso muro, oh torres coronadas
de honor, de majestad, de gallardía!
¡Oh gran río, gran rey de Andalucía,
de arenas nobles, ya que no doradas!

¡Oh fértil llano, oh sierras levantadas,
que privilegia el cielo y dora el día!
¡Oh siempre glorïosa patria mía,
tanto por plumas cuanto por espadas!
  ¡Si entre aquellas rüinas y despojos
10 que enriquece Genil y Dauro baña
tu memoria no fue alimento mío,
  nunca merezcan mis ausentes ojos
ver tu muro, tus torres y tu río,
tu llano y sierra, oh patria, oh flor de España!
(1585)

19

DEL TÚMULO QUE HIZO CÓRDOBA EN LAS HONRAS DE LA SEÑORA REINA DOÑA MARGARITA

  Máquina funeral, que desta vida
nos decís la mudanza estando queda,
pira, no de aromática arboleda,
sí a más gloriosa fénix constrüida;
  bajel en cuya gavia esclarecida
estrellas, hijas de otra mejor Leda,
serenan la Fortuna, de su rueda
la volubilidad reconocida,
  farol luciente sois, que solicita
10 la razón, entre escollos naufragante
al puerto; y a pesar de lo luciente,
  oscura concha de una Margarita,
que, rubí en caridad, en fe diamante,
renace en nuevo Sol, en nuevo Oriente.
(1611)

20

INSCRIPCIÓN PARA EL SEPULCRO DE DOMINICO GRECO

Esta en forma elegante, oh peregrino,
de pórfido luciente dura llave,
el pincel niega al mundo más süave,
que dio espíritu a leño, vida a lino.

Su nombre, aun de mayor aliento dino
que en los clarines de la Fama cabe,
el campo ilustra de ese mármol grave:
venéralo y prosigue tu camino.

Yace el Griego. Heredó Naturaleza
10 Arte; y el Arte, estudio. Iris, colores.
Febo, luces—si no sombras, Morfeo—.

Tanta urna, a pesar de su dureza,
lágrimas beba, y cuantos suda olores
corteza funeral de árbol sabeo.

(1614)

21

DE LA BREVEDAD ENGAÑOSA DE LA VIDA

Menos solicitó veloz saeta
destinada señal, que mordió aguda;
agonal carro por la arena muda
no coronó con más silencio meta,

que presurosa corre, que secreta
a su fin nuestra edad. A quien lo duda,
fiera que sea de razón desnuda,
cada sol repetido es un cometa.

¿Confiésalo Cartago, y tú lo ignoras?
10 Peligro corres, Licio, si porfías
en seguir sombras y abrazar engaños.

Mal te perdonarán a ti las horas;
las horas que limando están los días,
los días que royendo están los años.

(1623)

22

AL CONDE-DUQUE DE OLIVARES

En la capilla estoy y condenado
a partir sin remedio de esta vida;
siento la causa aun más que la partida,
por hambre expulso como sitïado.

Culpa sin duda es ser desdichado,
mayor de condición ser encogida;
de ellas me acuso en esta despedida,
y partiré a lo menos confesado.

Examine mi suerte el hierro agudo,
10 que a pesar de sus filos me prometo
alta piedad de vuestra excelsa mano.

Ya que el encogimiento ha sido mudo,
los números, Señor, de este soneto
lenguas sean y lágrimas no en vano.

(1623)

23

La más bella niña
de nuestro lugar,
hoy viuda y sola
y ayer por casar,
viendo que sus ojos
a la guerra van,
a su madre dice
que escucha su mal:

>   Dejadme llorar
> 10   orillas del mar.
>
> Pues me distes, madre,
> en tan tierna edad
> tan corto el placer,
> tan largo el pesar,
> y me cautivastes
> de quien hoy se va
> y lleva las llaves
> de mi libertad,
>   dejadme llorar
> 20   orillas del mar.
>
> En llorar conviertan
> mis ojos de hoy más
> el sabroso oficio
> del dulce mirar,
> pues que no se pueden
> mejor ocupar,
> yéndose a la guerra
> quien era mi paz.
>   Dejadme llorar
> 30   orillas del mar.
>
> No me pongáis freno
> ni queráis culpar,
> que lo uno es justo,
> lo otro por demás.
> Si me queréis bien
> no me hagáis mal;
> harto peor fuera
> morir y callar.
>   Dejadme llorar
> 40   orillas del mar.
>
> Dulce madre mía,
> ¿quién no llorará
> aunque tenga el pecho
> como un pedernal

y no dará voces
viendo marchitar
los más verdes años
de mi mocedad?
　　Dejadme llorar
50　orillas del mar.
Váyanse las noches,
pues ido se han
los ojos que hacían
los míos velar;
váyanse y no vean
tanta soledad
después que en mi lecho
sobra la mitad.
　　Dejadme llorar
60　orillas del mar.
　　　　　　　(1580)

24

Servía en Orán al Rey
un español con dos lanzas,
y con el alma y la vida
a una gallarda africana,
　tan noble como hermosa,
tan amante como amada,
con quien estaba una noche
cuando tocaron al arma.
　Trecientos cenetes eran
10 de este rebato la causa,
que los rayos de la luna
descubrieron sus adargas;
　las adargas avisaron
a las mudas atalayas,
las atalayas los fuegos,
los fuegos a las campanas;

y ellas al enamorado,
que en los brazos de su dama
oyó el militar estruendo
20 de las trompas y las cajas.
   Espuelas de honor le pican
y freno de amor le para;
no salir es cobardía,
ingratitud es dejalla.
   Del cuello pendiente ella,
viéndole tomar la espada,
con lágrimas y suspiros
le dice aquestas palabras:
   'Salid al campo, señor,
30 bañen mis ojos la cama;
que ella me será también,
sin vos, campo de batalla.
   Vestíos y salid apriesa,
que el general os aguarda;
yo os hago a vos mucha sobra
y vos a él mucha falta.
   Bien podéis salir desnudo,
pues mi llanto no os ablanda;
que tenéis de acero el pecho
40 y no habéis menester armas.'
   Viendo el español brioso
cuánto le detiene y habla,
le dice así: 'Mi señora,
tan dulce como enojada,
   porque con honra y amor
yo me quede, cumpla y vaya,
vaya a los moros el cuerpo
y quede con vos el alma.
   Concededme, dueño mío,
50 licencia para que salga
al rebato en vuestro nombre,
y en vuestro nombre combata.'   (1587)

25
ANGÉLICA Y MEDORO

En un pastoral albergue,
que la guerra entre unos robres
le dejó por escondido
o le perdonó por pobre,
  do la paz viste pellico
y conduce entre pastores
ovejas del monte al llano
y cabras del llano al monte,
  mal herido y bien curado,
10 se alberga un dichoso joven,
que sin clavarle Amor flecha
le coronó de favores.

Las venas con poca sangre,
los ojos con mucha noche
le halló en el campo aquella
vida y muerte de los hombres.

Del palafrén se derriba,
no porque al moro conoce,
sino por ver que la hierba
20 tanta sangre paga en flores.

Límpiale el rostro, y la mano
siente al Amor que se esconde
tras las rosas, que la muerte
va violando sus colores.

Escondióse tras las rosas
porque labren sus arpones
el diamante de Catay
con aquella sangre noble.

Ya le regala los ojos,
30 ya le entra, sin ver por dónde,
una piedad mal nacida
entre dulces escorpiones.

Ya es herido el pedernal,
ya despide el primer golpe
centellas de agua. ¡Oh, piedad,
hija de padres traidores!
　Hierbas aplica a sus llagas,
que si no sanan entonces,
en virtud de tales manos
40　lisonjean los dolores.
　Amor le ofrece su venda,
mas ella sus velos rompe
para ligar sus heridas:
los rayos del sol perdonen.
　Los últimos nudos daba
cuando el cielo la socorre
de un villano en una yegua
que iba penetrando el bosque.
　Enfrénanle de la bella
50　las tristes piadosas voces,
que los firmes troncos mueven
y las sordas piedras oyen;
　y la que mejor se halla
en las selvas que en la corte
simple bondad al pío ruego
cortésmente corresponde.
　Humilde se apea el villano
y sobre la yegua pone
un cuerpo con poca sangre,
60　pero con dos corazones;
　a su cabaña los guía,
que el sol deja su horizonte
y el humo de su cabaña
les va sirviendo de norte.
　Llegaron temprano a ella,
do una labradora acoge
un mal vivo con dos almas
y una ciega con dos soles.

    Blando heno en vez de pluma
70 para lecho les compone,
que será tálamo luego
do el garzón sus dichas logre.
    Las manos, pues, cuyos dedos
desta vida fueron dioses,
restituyen a Medoro
salud nueva, fuerzas dobles,
    y le entregan, cuando menos,
su beldad y un reino en dote,
segunda invidia de Marte,
80 primera dicha de Adonis.
    Corona un lascivo enjambre
de Cupidillos menores
la choza, bien como abejas
hueco tronco de alcornoque.
    ¡Qué de nudos le está dando
a un áspid la invidia torpe,
contando de las palomas
los arrullos gemidores!
    ¡Qué bien la destierra Amor,
90 haciendo la cuerda azote,
porque el caso no se infame
y el lugar no se inficione!
    Todo es gala el africano,
su vestido espira olores,
el lunado arco suspende,
y el corvo alfanje depone.
    Tórtolas enamoradas
son sus roncos atambores,
y los volantes de Venus
100 sus bien seguidos pendones.
    Desnuda el pecho anda ella,
vuela el cabello sin orden;
si le abrocha, es con claveles,
con jazmines si le coge.

El pie calza en lazos de oro,
porque la nieve se goce,
y no se vaya por pies
la hermosura del orbe.
  Todo sirve a los amantes:
110 plumas les baten, veloces,
airecillos lisonjeros,
si no son murmuradores.
  Los campos les dan alfombras,
los árboles pabellones,
la apacible fuente sueño,
música los ruiseñores.
  Los troncos les dan cortezas,
en que se guarden sus nombres,
mejor que en tablas de mármol
120 o que en láminas de bronce.
  No hay verde fresno sin letra,
ni blanco chopo sin mote;
si un valle 'Angélica' suena,
otro 'Angélica' responde.
  Cuevas do el silencio apenas
deja que sombras las moren
profanan con sus abrazos
a pesar de sus horrores.
  Choza, pues, tálamo y lecho,
130 cortesanos labradores,
aires, campos, fuentes, vegas,
cuevas, troncos, aves, flores,
  fresnos, chopos, montes, valles,
contestes de estos amores,
el cielo os guarde, si puede,
de las locuras del Conde.

(1602)

26

En los pinares de Júcar
vi bailar unas serranas,
al son del agua en las piedras
y al son del viento en las ramas.
No es blanco coro de ninfas
de las que aposenta el agua
o las que venera el bosque,
seguidoras de Diana:
serranas eran de Cuenca,
10 honor de aquella montaña,
cuyo pie besan dos ríos
por besar de ella las plantas.
Alegres corros tejían,
dándose las manos blancas
de amistad, quizá temiendo
no la truequen las mudanzas.
 ¡Qué bien bailan las serranas!
 ¡Qué bien bailan!
El cabello en crespos nudos
20 luz da al sol, oro a la Arabia,
cuál de flores impedido,
cuál de cordones de plata.
Del color visten del cielo,
si no son de la esperanza,
palmillas que menosprecian
al zafiro y la esmeralda.
El pie (cuando lo permite
la brújula de la falda)
lazos calza, y mirar deja
30 pedazos de nieve y nácar.
Ellas, cuyo movimiento
honestamente levanta
el cristal de la columna
sobre la pequeña basa, —

¡qué bien bailan las serranas!
¡Qué bien bailan!
Una entre los blancos dedos
hiriendo negras pizarras,
instrumento de marfil
40 que las musas le invidiaran,
las aves enmudeció,
y enfrenó el curso del agua;
no se movieron las hojas,
por no impedir lo que canta:
    'Serranas de Cuenca
    iban al pinar,
      unas por piñones,
      otras por bailar.
Bailando y partiendo
50 las serranas bellas
un piñón con otro,
si ya no es con perlas,
de Amor las saetas
huelgan de trocar,
  unas por piñones,
    otras por bailar.
Entre rama y rama,
cuando el ciego Dios
pide al sol los ojos
60 por verlas mejor,
los ojos del sol
las veréis pisar,
  unas por piñones,
    otras por bailar.' (1603)

27

Las flores del romero,
  niña Isabel,
hoy son flores azules,

mañana serán miel.
Celosa estás, la niña,
celosa estás de aquel
dichoso, pues le buscas,
ciego, pues no te ve,
ingrato, pues te enoja
10 y confiado, pues
no se disculpa hoy
de lo que hizo ayer.
Enjuguen esperanzas
lo que lloras por él;
que celos entre aquellos
que se han querido bien
   hoy son flores azules,
   mañana serán miel.
Aurora de ti misma,
20 que cuando a amanecer
a tu placer empiezas,
te eclipsan tu placer,
serénense tus ojos,
y más perlas no des,
porque al sol le está mal
lo que a la aurora bien.
Desata como nieblas
todo lo que no ves;
que sospechas de amantes
30 y querellas después
   hoy son flores azules,
   mañana serán miel. (1608)

28

Ándeme yo caliente
y ríase la gente.
Traten otros del gobierno
del mundo y sus monarquías,

mientras gobiernan mis días
mantequillas y pan tierno,
y las mañanas de invierno
naranjada y aguardiente,
    y ríase la gente.
10 Coma en dorada vajilla
el príncipe mil cuidados,
como píldoras dorados;
que yo en mi pobre mesilla
quiero más una morcilla
que en el asador reviente,
    y ríase la gente.
Cuando cubra las montañas
de blanca nieve el enero,
tenga yo lleno el brasero
20 de bellotas y castañas,
y quien las dulces patrañas
del Rey que rabió me cuente,
    y ríase la gente.
Busque muy en hora buena
el mercader nuevos soles;
yo conchas y caracoles
entre la menuda arena,
escuchando a Filomena
sobre el chopo de la fuente,
30   y ríase la gente.
Pase a media noche el mar,
y arda en amorosa llama
Leandro por ver su dama;
que yo más quiero pasar
del golfo de mi lagar
la blanca o roja corriente,
    y ríase la gente.
Pues Amor es tan cruel,
que de Píramo y su amada
40 hace tálamo una espada,

     do se junten ella y él,
     sea mi Tisbe un pastel,
     y la espada sea mi diente,
       y ríase la gente.

(1581)

29

    No son todos ruiseñores
    los que cantan entre las flores,
    sino campanitas de plata,
    que tocan a la alba;
    sino trompeticas de oro,
    que hacen la salva
    a los soles que adoro.
No todas las voces ledas
son de sirenas con plumas,
10 cuyas húmidas espumas
son las verdes alamedas.
Si suspendido te quedas
a los suaves clamores,
    no son todos ruiseñores
    los que cantan entre las flores,
    sino campanitas de plata,
    que tocan a la alba;
    sino trompeticas de oro,
    que hacen la salva
20   a los soles que adoro.
Lo artificioso que admira,
y lo dulce que consuela,
no es de aquel violín que vuela
ni de esotra inquieta lira;
otro instrumento es quien tira
de los sentidos mejores:
    no son todos ruiseñores
    los que cantan entre las flores,

sino campanitas de plata,
30 que tocan a la alba,
sino trompeticas de oro
que hacen la salva
a los soles que adoro.
Las campanitas lucientes,
y los dorados clarines
en coronados jazmines,
los dos hermosos corrientes
no sólo recuerdan gentes
sino convocan amores.
40 No son todos ruiseñores
los que cantan entre las flores,
sino campanitas de plata,
que tocan a la alba,
sino trompeticas de oro,
que hacen la salva
a los soles que adoro.

(1609)

30

Ánsares de Menga
al arroyo van:
ellos visten nieve,
él corre cristal.
El arroyo espera
las hermosas aves,
que cisnes süaves
son de su ribera;
cuya Venus era
10 hija de Pascual.
  Ellos visten nieve,
  él corre cristal.

Pudiera la pluma
del menos bizarro
conducir el carro
de la que fue espuma;
en beldad, no en suma,
lucido caudal.
　　Ellos visten nieve,
20　　él corre cristal.
Trenzado el cabello
los sigue Minguilla,
y en la verde orilla,
desnuda el pie bello,
granjeando en ello
marfil oriental
　　los que visten nieve,
　　quien corre cristal.
La agua apenas trata
30 cuando dirás que
se desata el pie,
y no se desata,
plata dando a plata
con que, liberal
　　los viste de nieve,
　　le presta cristal.
　　　　　　　　(1620)

LOPE DE VEGA
(1562–1635)

LOPE FÉLIX DE VEGA CARPIO was born in Madrid, of humble parents, and was educated there and at the University of Alcalá. The restlessness of his life is matched only by his extraordinary energy as a writer. As a result of his early affair with Elena Osorio, daughter of an actor, he was banished from Castile for eight years. During this period, he sailed with the Armada in 1588 and married his first wife, Isabel de Urbina, the "Belisa" of many of his poems. After her death in 1595, he returned from exile and lived for the next fifteen years in Toledo and Seville. A second marriage was punctuated by his relationship with an actor's wife, Micaela de Luján, by whom he had several children. In 1610, he settled permanently in Madrid; in 1614, after the death of his second wife, he was ordained a priest. Despite his phenomenal literary reputation, the remaining years of his life were clouded by scandal and tragedy, centring round his love for Marta de Nevares, who died blind and insane in 1626, and the elopement of his daughter, Antonia Clara, not long before his own death.

Lope de Vega established what was to be the national tradition in the theatre almost single-handed, and is by far the most prolific of the seventeenth-century dramatists. His extraordinary literary activity extended to most of the available genres: prose fiction (*La Arcadia*, *Los pastores de Belén*, *El peregrino en su patria*), the novel in dramatic form (*La Dorotea*) and the long narrative poem (*El Isidro*, *La Angélica*, *La Dragontea* and *Jerusalén conquistada*, his most notable attempt at the literary epic). The range of his shorter lyrics is also immense. The innumerable songs incorporated in his plays show an instinctive feeling for folk poetry unequalled by any other writer of the period. (A good selection of these poems is included in *Poesía de tipo tradicional*, ed. Alonso and Blecua; see Bibliography.) The early *romances* (like "Hortelano era Belardo", printed here) use pastoral or Moorish conventions to deal with personal experience; apart from these, Lope's best verse is contained in two volumes of sonnets, *Rimas humanas* (1602) and *Rimas sacras* (1614), and in *La Dorotea*, from which the last two poems in the selection are taken. In the face of such inventiveness, it seems almost ungracious to say that Lope is a less original poet than Góngora or Quevedo. Góngora's epigram, "Con razón Vega, por lo siempre llana", is manifestly unfair; yet even some of his best poems are seriously flawed, and he only occasionally achieves a genuinely distinctive voice. Generally speaking, his best poetry is his most personal, though excessive attention to possible biographical clues has sometimes led critics to neglect the formal qualities of the verse. In this connection, Amado Alonso's statement seems very just: "Lope documentaba en sus poesías toda su vida sentimental, de modo que su obra poética aparece como una corriente paralela a la de su vida, o mejor, como una mansa corriente de aguas límpidas cuyo contenido visual no es más que la imagen suavizada del ejército de nubes navegantes por la comba del cielo, que son los sucesos de la vida del poeta". *Poesías líricas*, ed. J. F. Montesinos, *Clásicos castellanos*, vols. 68 and 75, Madrid, 1926–7; *Antología lírica*, ed. L. Guarner, Aguilar, Madrid, 1964; *Poesía lírica*, ed. J. M. Blecua, *Clásicos Ebro*, no. 2, Saragossa, 1950; *Jerusalén conquistada*, ed. J. Entramabasaguas, Madrid, 1951–4, 3 vols.

31

Hortelano era Belardo
de las huertas de Valencia,
que los trabajos obligan
a lo que el hombre no piensa.
Pasado el hebrero loco,
flores para mayo siembra,
que quiere que su esperanza
dé fruto a la primavera.

El trébol para las niñas
10 pone al lado de la huerta,
porque la fruta de amor
de las tres hojas aprenda.
Albahacas amarillas,
a partes verdes y secas,
trasplanta para casadas
que pasan ya de los treinta
y para las viudas pone
muchos lirios y verbena,
porque lo verde del alma
20 encubre la saya negra.
Toronjil para muchachas
de aquellas que ya comienzan
a deletrear mentiras,
que hay poca verdad en ellas.
El apio a las opiladas
y a las preñadas almendras,
para melindrosas cardos
y ortigas para las viejas.
Lechugas para briosas
30 que cuando llueve se queman,
mastuerzo para las frías
y ajenjos para las feas.
De los vestidos que un tiempo
trujo en la Corte, de seda,
ha hecho para las aves
un espantajo de higuera.
Las lechuguillazas grandes,
almidonadas y tiesas
y el sombrero boleado
40 que adorna cuello y cabeza,
y sobre un jubón de raso
la más guarnecida cuera,
sin olvidarse las calzas
españolas y tudescas.

Andando regando un día
viole en medio de la higuera
y riéndose de velle,
le dice desta manera:
— ¡Oh ricos despojos
50 de mi edad primera
y trofeos vivos
de esperanzas nuestras!
¡Qué bien parecéis
de dentro y de fuera,
sobre que habéis dado
fin a mi tragedia!
¡Galas y penachos
de mi soldadesca,
un tiempo colores
60 y agora tristeza!
Un día de Pascua
os llevé a mi aldea
por galas costosas,
invenciones nuevas.
Desde su balcón
me vio una doncella
con el pecho blanco
y la ceja negra.
Dejóse burlar,
70 caséme con ella,
que es bien que se paguen
tan honrosas deudas.
Supo mi delito
aquella morena
que reinaba en Troya
cuando fue mi reina.
Hizo de mis cosas
una grande hoguera,
tomando venganzas
80 en plumas y letras.

32

    La Niña a quien dijo el ángel
que estaba de gracia llena,
cuando de ser de Dios madre
le trujo tan altas nuevas,
ya le mira en un pesebre
llorando lágrimas tiernas,
que obligándose a ser hombre
también se obliga a sus penas.
"¿Qué tenéis, dulce Jesús?"
10 —le dice la niña bella—,
"¿tan presto sentís, mis ojos,
el dolor de mi pobreza?
Yo no tengo otros palacios
en que recibiros pueda,
sino mis brazos y pechos
que os regalan y sustentan.
No puedo más, amor mío,
porque si yo más pudiera,
vos sabéis que vuestros cielos
20 envidiaran mi riqueza."
El niño recién nacido
no mueve la pura lengua,
aunque es la sabiduría
de su eterno Padre inmensa,
mas revelándole el alma
de la Virgen la respuesta,
cubrió de sueño en sus brazos
blandamente sus estrellas.
Ella entonces, desatando
30 la voz regalada y tierna,
así tuvo a su armonía
la de los cielos suspensa:
"Pues andáis en las palmas,
ángeles santos,

que se duerme mi niño,
tened los ramos.
Palmas de Belén
que mueven airados
los furiosos vientos
40 que suenan tanto:
no le hagáis ruido,
corred más paso,
que se duerme mi niño,
tened los ramos.
El niño divino,
que está cansado
de llorar en la tierra
por su descanso,
sosegar quiere un poco
50 del tierno llanto.
Que se duerme mi niño,
tened los ramos.
Rigurosos hielos
le están cercando;
ya veis que no tengo
con qué guardarlo.
Ángeles divinos
que vais volando,
que se duerme mi niño,
60 tened los ramos."

33

Suelta mi manso, mayoral extraño,
pues otro tienes de tu igual decoro;
deja la prenda que en el alma adoro
perdida por tu bien y por mi daño.
 Ponle su esquila de labrado estaño
y no le engañen tus collares de oro;

toma en albricias este blanco toro
que a las primeras hierbas cumple un año.
   Si pides señas, tiene el vellocino
10 pardo, encrespado, y los ojuelos tiene
como durmiendo en regalado sueño.
   Si piensas que no soy su dueño, Alcino,
suelta y verásle si a mi choza viene,
que aun tienen sal las manos de su dueño.

34

Si verse aborrecido el que era amado
es de amor la postrera desventura,
¿qué espera en vos, señora, qué procura
el que cayó de tan dichoso estado?
   En vano entiendo vuestro pecho helado,
pues lo que ahora con violencia dura
ya no es amor, es natural blandura
con tibio gusto de un amor forzado.
   Cuando vos me seguisteis iba huyendo;
10 huís ahora vos cuando yo os sigo;
si es amor, yo le tengo y no le entiendo.
   Ya huyo, como esclavo, del castigo;
guardaos, que ya me voy, y al fin partiendo,
no sé qué haré de vos, pues vais conmigo.

35

AL TRIUNFO DE JUDIT

Cuelga sangriento de la cama al suelo
el hombro diestro del feroz tirano
que opuesto al muro de Betulia en vano
despidió contra sí rayos al cielo.
   Revuelto con el ansia el rojo velo
del pabellón a la siniestra mano,
descubre el espectáculo inhumano
del tronco horrible convertido en hielo.

Vertido Baco el fuerte arnés afea,
10 los vasos y la mesa derribada;
   duermen las guardas que tan mal emplea;
   y sobre la muralla coronada
   del pueblo de Israel, la casta hebrea
   con la cabeza resplandece armada.

36

   Cuando me paro a contemplar mi estado
   y a ver los pasos por donde he venido,
   me espanto de que un hombre tan perdido
   a conocer su error haya llegado.
   Cuando miro los años que he pasado
   la divina razón puesta en olvido,
   conozco que piedad del cielo ha sido
   no haberme en tanto mal precipitado.
   Entré por laberinto tan extraño
10 fiando al débil hilo de la vida
   el tarde conocido desengaño.
   Mas de tu luz mi escuridad vencida,
   el monstruo muerto de mi ciego engaño,
   vuelve a la patria la razón perdida.

37

   Pastor que con tus silbos amorosos
   me despertaste del profundo sueño;
   tú que hiciste cayado de ese leño
   en que tiendes los brazos poderosos:
   vuelve los ojos a mi fe piadosos,
   pues te confieso por mi amor y dueño
   y la palabra de seguirte empeño
   tus dulces silbos y tus pies hermosos.
   Oye, pastor, pues por amores mueres,
10 no te espante el rigor de mis pecados,
   pues tan amigo de rendidos eres.

38

    ¿Qué tengo yo que mi amistad procuras?
¿Qué interés se te sigue, Jesús mío,
que a mi puerta, cubierto de rocío,
pasas las noches del invierno escuras?
    ¡Oh, cuánto fueron mis entrañas duras,
pues no te abrí! ¡Qué extraño desvarío
si de mi ingratitud el hielo frío
secó las llagas de tus plantas puras!
    ¡Cuántas veces el ángel me decía:
10 Alma, asómate agora a la ventana,
verás con cuánto amor llamar porfía!
    ¡Y cuántas, hermosura soberana:
Mañana le abriremos—respondía—,
para lo mismo responder mañana!

39

A LA MUERTE DE DON LUIS DEGÓNGORA

    Despierta, ¡oh Betis!, la dormida plata,
y coronado de ciprés inunda
la docta patria, en Sénecas fecunda,
todo el cristal en lágrimas desata;
    repite soledades, y dilata
por campos de dolor vena profunda,
única luz, que no dejó segunda;
al polifemo ingenio Atropos mata.
    Góngora ya la parte restituye
10 mortal al tiempo, ya la culta lira
en cláusula final la voz incluye.

Ya muere y vive: que esta sacra pira
tan inmortal honor le constituye,
que nace fénix donde cisne expira.

40

A mis soledades voy,
de mis soledades vengo,
porque para andar conmigo
me bastan mis pensamientos.
No sé qué tiene el aldea
donde vivo y donde muero,
que con venir de mí mismo
no puedo venir más lejos.
Ni estoy bien ni mal conmigo,
10 mas dice mi entendimiento
que un hombre que todo es alma
está cautivo en su cuerpo.
Entiendo lo que me basta,
y solamente no entiendo
cómo se sufre a sí mismo
un ignorante soberbio.
De cuantas cosas me cansan
fácilmente me defiendo,
pero no puedo guardarme
20 de los peligros de un necio.
Él dirá que yo lo soy,
pero con falso argumento;
que humildad y necedad
no caben en un sujeto.
La diferencia conozco,
porque en él y en mí contemplo
su locura en su arrogancia,
mi humildad en su desprecio.
O sabe naturaleza
30 más que supo en este tiempo,

o tantos que nacen sabios
es porque lo dicen ellos.
"Sólo sé que no sé nada",
dijo un filósofo, haciendo
la cuenta con su humildad,
adonde lo más es menos.
No me precio de entendido,
de desdichado me precio,
que los que no son dichosos
40 ¿cómo pueden ser discretos?
No puede durar el mundo,
porque dicen, y lo creo,
que suena a vidrio quebrado
y que ha de romperse presto.
Señales son del jüicio
ver que todos le perdemos,
unos por carta de más,
otros por carta de menos.
Dijeron que antiguamente
50 se fue la verdad al cielo;
tal la pusieron los hombres
que desde entonces no ha vuelto.
En dos edades vivimos
los proprios y los ajenos;
la de plata los extraños
y la de cobre los nuestros.
¿A quién no dará cuidado,
si es español verdadero,
ver los hombres a lo antiguo
60 y el valor a lo moderno?
Todos andan bien vestidos,
y quéjanse de los precios,
de medio arriba, romanos,
de medio abajo, romeros.
Dijo Dios que comería
su pan el hombre primero

con el sudor de su cara
por quebrar su mandamiento,
y algunos, inobedientes
70 a la vergüenza y al miedo,
con las prendas de su honor
han trocado los efetos.
Virtud y filosofía
peregrinan como ciegos;
el uno se lleva al otro,
llorando van y pidiendo.
Dos polos tiene la tierra,
universal movimiento:
la mejor vida, el favor,
80 la mejor sangre, el dinero.
Oigo tañer las campanas
y no me espanto, aunque puedo,
que en lugar de tantas cruces
haya tantos hombres muertos.
Mirando estoy los sepulcros,
cuyos mármoles eternos
están diciendo sin lengua
que no lo fueron sus dueños.
¡Oh, bien haya quien los hizo,
90 porque solamente en ellos
de los poderosos grandes
se vengaron los pequeños!
Fea pintan a la envidia,
yo confieso que la tengo
de unos hombres que no saben
quién vive pared en medio.
Sin libros y sin papeles,
sin tratos, cuentas ni cuentos
cuando quieren escribir
100 piden prestado el tintero.
Sin ser pobres ni ser ricos
tienen chimenea y huerto;

no los despiertan cuidados,
ni pretensiones, ni pleitos;
ni murmuraron del grande
ni ofendieron al pequeño;
nunca, como yo, firmaron
parabién, ni pascua dieron.
Con esta envidia que digo
110 y lo que paso en silencio,
a mis soledades voy,
de mis soledades vengo.

41

¡Pobre barquilla mía
entre peñascos rota,
sin velas desvelada
y entre las olas sola!
¿Adónde vas perdida,
adónde, di, te engolfas,
que no hay deseos cuerdos
con esperanzas locas?
Como las altas naves
10 te apartas animosa
de la vecina tierra
y al fiero mar te arrojas.
Igual en las fortunas,
mayor en las congojas,
pequeña en las defensas,
incitas a las ondas.
Advierte que te llevan
a dar entre las rocas
de la soberbia envidia,
20 naufragio de las honras.
Cuando por las riberas
andabas costa a costa,

nunca del mar temiste
las iras procelosas:
segura navegabas,
que por la tierra propia
nunca el peligro es mucho
adonde el agua es poca.
(Verdad es que en la patria
30 no es la virtud dichosa,
ni se estimó la perla
hasta dejar la concha.)
Dirás que muchas barcas
con el favor en popa,
saliendo desdichadas,
volvieron venturosas.
No mires los ejemplos
de las que van y tornan,
que a muchos ha perdido
40 la dicha de las otras.
Para los altos mares
no llevas cautelosa
ni velas de mentiras
ni remos de lisonjas.
¿Quién te engañó, barquilla?
Vuelve, vuelve la proa,
que presumir de nave
fortunas ocasiona.
¿Qué jarcias te entretejen?
50 ¿Qué ricas banderolas
azote son del viento
y de las aguas sombra?
¿En qué gavia descubres,
del árbol alta copa,
la tierra en perspectiva,
del mar incultas orlas?
¿En qué celajes fundas
que es bien echar la sonda

cuando, perdido el rumbo,
60 erraste la derrota?
Si te sepulta arena,
¿qué te sirve fama heroica?;
que nunca desdichados
sus pensamientos logran.
¿Qué importa que te ciñan
ramas verdes o rojas,
que en selvas de corales
salado césped brota?
Laureles de la orilla
70 solamente coronan
navíos de alto borde
que jarcias de oro adornan.
No quieras que yo sea,
por tu soberbia pompa,
Faetonte de barqueros
que los laureles lloran.
Pasaron ya los tiempos
cuando, lamiendo rosas,
el céfiro bullía
80 y suspiraba aromas.
Ya fieros huracanes
tan arrogantes soplan,
que salpicando estrellas,
del sol la frente mojan.
Ya los valientes rayos
de la vulcana forja,
en vez de torres altas,
abrasan pobres chozas.
Contenta con tus redes,
90 a la playa arenosa
mojado me sacabas,
pero vivo; ¿qué importa?
Cuando de rojo nácar
se afeitaba la aurora,

más peces te llenaban
que ella lloraba aljófar.
Al bello sol que adoro,
enjuta ya la ropa,
nos daba una cabaña
100 la cama de sus hojas;
esposo me llamaba,
yo la llamaba esposa,
parándose de envidia
la celestial antorcha.
Sin pleito, sin disgusto,
la muerte nos divorcia:
¡ay de la pobre barca
que en lágrimas se ahoga!
Quedad sobre la arena,
110 inútiles escotas,
que no ha menester velas
quien a su bien no torna.
Si con eternas plantas
las fijas luces doras,
¡oh dueño de mi barca!
y en dulce paz reposas,
merezca que le pidas
al bien que eterno gozas
que adonde estás me lleve,
120 más pura y más hermosa.
Mi honesto amor te obligue,
que no es digna victoria
para quejas humanas
ser las deidades sordas.
Mas ¡ay, que no me escuchas!...
Pero la vida es corta:
viviendo, todo falta;
muriendo, todo sobra.

JOSÉ DE VALDIVIELSO
(1562?–1638)

JOSÉ DE VALDIVIELSO was probably born in Toledo, where he spent the first forty years or so of his life. After a university education, he became a priest and was appointed chaplain of the Mozarabic rite in Toledo Cathedral under Archbishop Sandoval y Rojas. In Toledo he became a close friend of Lope de Vega, and began to write himself at an early age. Sometime between 1608 and 1612, he moved to Madrid, where several of his *autos sacramentales* were performed, and where he was a prominent member of the *Hermandad del Santísimo Sacramento*, to which Lope, Espinel, Cervantes and Quevedo also belonged. In his later years he was one of the most enlightened book-censors of the time, and wrote *aprobaciones* for a number of important works, including the Second Part of *Don Quixote* and the *Dorotea* of Lope de Vega. Valdivielso is now recognized as one of the finest religious dramatists before Calderón, and his *Doce autos sacramentales y dos comedias santas* (1622) are only a selection of his total work for the theatre. His verse-epic, *La vida de San José* (1604), has a narrative sweep and a descriptive power which place it high among poems of this type. His main achievement as a poet, however, is as a writer of *poesía a lo divino*, notably in the *Romancero espiritual del Santísimo Sacramento* (1612). Valdivielso's musical sense and his obvious sincerity give the best of these poems a timeless quality which is unsurpassed by any other poet of the period. Many of them are adapted from popular *villancicos* and children's songs; in others, like the third of the poems I have included, he shows the same spontaneity and literary tact in transposing the details of popular celebrations. *Romancero espiritual*, ed. M. Mir, S.J., Madrid, 1880; *Biblioteca de autores españoles*, vol. 35, Madrid, 1925.

42

Unos ojos bellos
adoro, madre;
téngolos ausentes,
verélos tarde.
　Unos ojos bellos,
que son de paloma,
donde amor se asoma
a dar vida en ellos;
no hay, madre, sin vellos,
10 bien que no me falte,
téngolos ausentes,
verélos tarde.
　Son dignos de amar,
pues podéis creer
que no hay más que ver
ni que desear:
hícelos llorar,
y llorar me hacen,
téngolos ausentes,
20 verélos tarde.
　No sé qué me vi
cuando los miré,
que en ellos me hallé
y en mí me perdí.
Ya no vivo en mí,
sino en ellos, madre;
téngolos ausentes,
verélos tarde.

43

LETRA AL NIÑO JESÚS

Entra mayo y sale abril;
¡cuán garridico me le vi venir!

JOSÉ DE VALDIVIELSO (1562?-1638)

Hízose mayo encarnado
el Niño Jesús que adoro,
y entre el pelo rizo de oro,
de hermosas flores cercado.
Como un mayo enamorado,
al alma viene a servir;
¡cuán garridico me le vi venir!
10   Hecho ya un florido mayo,
por si su Esposa despierta,
quiere plantarse a su puerta
por dar vida a su desmayo;
estrecho le venía el sayo,
y en Belén se le hizo abrir;
¡cuán garridico me le vi venir!
  Por servir a sus amores
ciñe sus sienes hermosas
de jazmines y de rosas,
20 que son de su amor colores;
mas, ¡ay Dios!, que tras las flores,
espinas le han de salir:
¡cuán garridico me le vi venir!
  Entra mayo y sale abril;
¡cuán garridico me le vi venir!

44

Porque está parida la Reina,
corren toros y juegan cañas,
después de correr los toros
más bravos que de Jarama,
pues desde el hombre primero
nadie corrió sin desgracia.
Sola se escapó la Reina,
que al atravesar la plaza
quiso acometerla un toro,
10 y un galán le echó la capa;

ya después desjarretados,
Gabriel con los de la guarda,
para despejar el coso,
de los balcones abaja;
atabales tocan, suenan clarines,
y las cañas juegan los serafines.
El Amor saca el un puesto,
y de encarnado le viste,
que es la librea en que el Rey
20 para estas fiestas elige;
entra con la omnipotencia,
y es bien que su fuerza estime,
para pasar la carrera
del más alto al más humilde;
atabales tocan, suenan clarines,
y las cañas juegan los serafines.
¡Qué bien entra su cuadrilla,
qué bien corre, qué bien para!
Aparta, aparta, afuera, afuera;
30 afuera, afuera, aparta, aparta;
que entra el valeroso Amor,
cuadrillero de unas cañas.
La Gracia sacó otro puesto,
y salió con buena gracia,
que es galán de la parida,
que sin ella no se halla;
salió vestida de blanco,
que es color de la que ama,
Virgen después de parida,
40 como antes de nacer santa.
Miróla de gracia llena,
y cayóle muy en gracia,
y en ella puestos los ojos,
le dice así cuando pasa:
"Que por vos, la mi Señora,
la carita de plata,

correría yo mi caballo
a la trapa, la trapa, la trapa."
Entró luego su cuadrilla;
50 llenos de plumas y galas,
corren iguales parejas,
tercian las iguales lanzas;
los dos puestos se dividen,
y con destreza gallarda
toman adargas y huevos
llenos de olorosas aguas;
cañas no quieren tomar,
por ver que con una caña
tienen de hacer a su Rey
60 una burla muy pesada.
Cuál pinta en la adarga un ave,
de oliva con una rama,
cuál en las nubes un arco,
cuál en las ondas un arca,
cuál una escala hasta el cielo,
cuál entre fuego una zarza,
cuál un vellocino seco,
y cuál con perlas del alba.
Vuelven a la escaramuza,
70 gritan, corren, cruzan, pasan
en su puesto cada uno,
donde se afirman y adargan;
un escuadrón siguiendo, que acometen,
saca del puesto al que es acometido,
luego tras éste, en orden arremete
otro que está esperando apercibido;
éste, al que huyendo va en su puesto mete,
y vuelve huyendo de otro que ha salido,
aquel revuelve, y otro sale luego,
80 haciendo un concertado alegre juego.
Unos tras otros corriendo
los huevos de olor disparan,

y viéndolos desde el cielo,
así los ángeles cantan:
"Arrojóme las naranjitas
con el ramo del verde azahar;
arrojómelas y arrojéselas,
y volviómelas a arrojar."
Después de haber acabado
90 las fiestas que no se acaban,
para acompañar la Reina,
de estrellas tomaron hachas;
y ante la panadería
donde está el Pan que los harta,
que es Belén casa de pan,
gozosos y alegres cantan:
Exultate Deo adjutori nostro,
jubilate Deo Jacob;
sumite psalmum et date tympanum,
100 *psalterium jucundum cum cythara.*

PEDRO LIÑÁN DE RIAZA
(*d*. 1607)

LIÑÁN DE RIAZA was an Aragonese poet, possibly born in Calatayud about the middle of the sixteenth century. As one of the younger sons of a noble family, he became secretary to the Marqués de Camarasa and was a soldier in the Royal Guard of Philip III. He is mentioned as an author of *comedias* by Agustín de Rojas and Lope de Vega, though none of his works for the theatre has survived. Several of his poems are included in the *Romancero general* (1600) and in the *Flores* of Espinosa (1605). Liñán wrote in both traditional and Italianate metres, but his real originality as a minor poet lies in a number of sonnets and one longer piece written in *germanía*, or thieves' slang, which he uses for a genuine artistic purpose. The sonnet I have included shows the same vigour and freshness of vocabulary in a different context. *Rimas*, Saragossa, 1876.

45

Damas con escuderos grandalines
de lindo talle, parecer y rostro,
que por oremos en el papo nostro
más mudanzas harán que matachines;
  bocas de fuego como serpentines
que al murmurar adoran fiero monstro;
versistas desmembrando el Arïosto,
matando, y no su miedo, espadachines;

     apretantes diez mil buscando gangas;
10 casadas revestidas de frailesco;
caballos que en comer saben de freno;
     amigas y parientas que hacen mangas,
volviendo en tercería el parentesco:
esto produce aqueste valle ameno.

CONDE DE SALINAS
(1564–1630)

DIEGO DE SILVA Y MENDOZA, Conde de Salinas, was born in Madrid. He was the second son of Ruy Gómez de Silva, Prince of Eboli, one of the principal ministers of Philip II. In 1616, after a number of important state appointments, he became Viceroy and Captain-General of Portugal. The Conde de Salinas was one of the most splendid aristocrats of his time: apart from his reputation as a soldier and a court wit, he was a well-known poet, and his verse received high praise from Lope de Vega, Góngora and Gracián. Allowing for conventional exaggeration, this seems justified. The poems which have survived show a sense of rhythm and a telling use of paradox, as in the sonnet printed here. The *canción* which follows this owes something to Cetina's famous madrigal, "Ojos claros, serenos...", but shows a characteristic delicacy in the use of Petrarchan imagery. *Poesías*, ed. Luis Rosales, *Escorial*, no. 47, Madrid, 1944; "A unos ojos dormidos" appears in *Cancionero de 1628*, ed. J. M. Blecua, *Revista de Filología Española*, anejo 32, Madrid, 1945.

46

De tu muerte, que fue un breve suspiro,
¡qué largo suspirar se ha comenzado!
Es cilicio en el alma mi cuidado
que le estrecha y aprieta cuanto miro.

Si hay vez en que esforzándome respiro,
más me ahoga un aliento procurado:
ni sé si trueco o si renuevo estado
cuando a escuchar el alma me retiro.

        Cual gusano que va de sí tejiendo
10 su cárcel y su eterna sepultura,
        así me enredo yo en mi pensamiento;
           si es morir acabar de estar muriendo,
        lo que nunca esperé de la ventura
        esperaré del mal de un bien violento.

47

A UNOS OJOS DORMIDOS

    Amadas luces puras,
si os tuvieron alguna vez piadosas
ajenas desventuras,
miradme gratas y matadme hermosas,
que propicias y bellas
os quiere mi ventura para estrellas.
    ¿Qué poderosa fuerza,
entre esos esplendores escondida,
así me inclina y fuerza?
10 ¿Qué dominio tenéis sobre mi vida?
Que estoy cuando no os veo
colgado del cabello de un deseo.
    Sentí un oculto imperio
al tiempo que sentí que no sentía,
y en grave cautiverio
la libertad preciosa que tenía,
con tan estrechos fueros
que me mata el miraros y no veros.
    Apenas vi dichoso,
20 armada de pestañas, luz serena
en ese cielo hermoso,
cuando vi sus efetos y mi pena,
porque en ardientes tiros
bajaban rayos a subir suspiros.

    Al fin, divinos ojos,
después que ya rendido os di la palma,
aunque me dais enojos,
como su sol la luz os cubre el alma,
y os miran siempre atentos,
30   águilas de su luz, mis pensamientos.

JUAN DE ARGUIJO
(1567–1623)

JUAN DE ARGUIJO was born in Seville, where he spent most of his life. He belonged to a rich family, and his marriage to an heiress at the age of seventeen enabled him to become one of the most brilliant literary patrons of his time. In his later years, this affluence was diminished by extravagant displays of generosity; his reputation, however, remained unchanged, and he enjoyed the friendship of many other writers, including Lope de Vega. Apart from his fame as patron, wit and benefactor, Arguijo was a minor poet of great distinction. His relatively small production consists almost entirely of sonnets, many on themes from Roman history and Greek mythology. This archaeological interest in the spectacle of vanished glories is shared by other Seville poets of the period, notably by Rodrigo Caro. Arguijo's peculiar achievement lies in the technical brilliance with which he uses the sonnet-form to create images of monumental clarity and dramatic force. *Biblioteca de autores españoles*, vol. 32, Madrid, 1921, pp. 392–401; *Poesía sevillana de la edad de oro*, ed. A. Sánchez, Madrid, 1948.

48

A VENUS EN LA MUERTE DE ADONIS

Después que en tierno llanto desordena
Citerea la voz por el violento
fin de su Adonis y con triste acento
el bosque Idalio a su dolor resuena;

y en flor, sobre el acanto y azucena
hermosa, trueca el mísero y sangriento
joven, modera el grave sentimiento
y el ímpetu a sus lágrimas enfrena.

    Y no hallando en su tristeza medio,
10 vuelve al usado ornato y reflorece
del ya sereno rostro la luz pura.

    Así el pesar con la razón descrece,
desesperado el bien, que tal vez cura
a un grande mal la falta de remedio.

49

NARCISO

    Crece el insano amor, crece el engaño
del que en las aguas vio su imagen bella;
y él, sola causa en su mortal querella,
busca el remedio y acrecienta el daño.

    Vuelve a ver en la fuente, caso extraño,
que della sale el fuego, mas en ella
templarlo piensa; y la enemiga estrella
sus ojos cierrª al fácil desengaño.

    Fallecieron las fuerzas y el sentido
10 al ciego amante amado, que a su suerte
la belleza fatal cayó rendida.

    Y ahora en flor purpúrea convertido,
la agua, que fue principio de su muerte,
hace que crezca y prueba a darle vida.

50

    Si pudo de Anfión el dulce canto
juntar las piedras del tebano muro;
si con süave lira osó seguro
bajar el tracio al reino del espanto;

    si la voz regalada pudo tanto
  que abrió las puertas de diamante duro
  y un rato suspendió de aquel escuro
  lugar la pena y miserable llanto;
    y si del canto la admirable fuerza
10 enternece los fieros animales,
  si enfrena la corriente de los ríos,
    ¿qué nueva pena en mi dolor se esfuerza?
  Pues con lo que descrecen otros males
  se van acrecentando más los míos.

FRANCISCO DE MEDRANO
(1570–1607)

FRANCISCO DE MEDRANO was a native of Seville. He entered the Jesuit Order at the age of fourteen, and studied at various colleges in Castile, as well as at the University of Salamanca. In 1602, he left the Order before taking his final vows, for reasons which are not clear, and spent the remaining five years of his life administering his family's properties in Seville. His collected poems, consisting of 34 odes and 54 sonnets, were published posthumously in Palermo in 1617. Medrano is the most brilliant of the Spanish imitators of Horace. Though his skill in re-creating Horatian forms is immense, his best versions stand in their own right as original poems. The brilliant economy of his language, and the ease with which he identifies himself with the experience of the original poems are enough to establish him as a translator of the highest order. As Dámaso Alonso has written: "El arte de Medrano no es frío nunca: su temperatura de hombre pasa por el verso; éste estará imitando, pero una selección previa, por medio de la sensibilidad y la inteligencia, le ha llevado ya al ámbito del poeta: y por eso es sincero, tierno, dulcemente apasionado". Medrano's sonnets are almost equally fine, and on the whole more closely linked to his own experience. Those on religious themes have a confessional power which may reflect his spiritual difficulties with the Jesuits; at the other extreme, the sonnet which I have chosen shows an equal frankness in the handling of a sexual relationship. *Obras*, ed. D. Alonso and S. Reckert, Consejo Superior de Investigaciones Científicas, Madrid, 1958.

51
A N., HERMOSA ASTUTA DAMA DE SEVILLA

    Si pena alguna, Lamia, te alcanzara
por cada voto que perjura quiebras;
si al menos una de tus rubias hebras
en cana se trocara,
    creyérate: mas luego que, engañosa,
la fe rompes debida al juramento,
tú, de la juventud común tormento,
despiertas más hermosa.
    Falta pues, Lamia bella, al siglo honrado
10 de tu difunta madre, sin recelo;
falta a tu vida misma; falta al cielo
la fe que le has dado:
    pues de ver cuánto número confíe
de mozos en tus juras, y qué artera
burles al más astuto que te espera,
todo el cielo se ríe.
    Más: que la juventud para ti crece
toda; crécente nuevos servidores,
y de los que hoy desprecias amadores
20 ninguno te aborrece:
    de ti la madre teme a su querido
hijo; teme de ti el viejo avariento;
teme la esposa que tu dulce aliento
detenga a su marido.

52
A LUIS FERRI, ENTRANDO EL INVIERNO

    ¿Ves, Fabio, ya de nieve coronados
los montes? ¿ves el soto ya desnudo?
¿y, con el hielo agudo,
los arroyos parados?

Llégate al fuego, y quítame delante
esos leños mayores. ¡Oh, qué brasa!
¡y qué a sabor las asa
Nise! ¡y el Alicante
qué tal es! Come bien, que están süaves
10 las batatas, y bebe alegremente:
que no serás prudente
si necio ser no sabes.

Remite a Dios, remite otros cuidados,
que Él sabe y puede encarcelar los vientos
cuando más turbulentos
los mares traen hinchados.

Huye saber lo que será mañana:
salga la luz templada o salga fría,
tú no pierdas el día,
20 no, que jamás se gana.

Y mientras no con rigurosas nieves
tu edad marchita el tiempo y tus verdores,
coge de tus amores,
coge las rosas breves.

Ahora da lugar la noche escura
y larga al instrumento bien templado,
y al requiebro aplazado
ocasión da segura.

Baja a la puerta (de su madre en vano
guardada) con pie sordo la doncella,
30 y por debajo de ella
te deja asir la mano.

"Suelte", risueña, "que esperar no puedo",
dice, y turbada, "¡Suelte, no me ofenda!":
quitarle has tú la prenda
del malrebelde dedo.

53

    Ya, ya, y fiera y hermosa,
madre de los amores, quebrantado
desamparé tu enseña. ¿Y tú, envidiosa,
a mí? ¿tú a mí, malsano y desarmado?
¿Qué te podré yo ser? Al vulgo vano
risa, y silbo afrentoso;
al sabio ¡oh, cuánto espanto!, y al piadoso;
¡cuál fábula al profano!
    Del venusto semblante
10 la ya florida tez huyó marchita,
y el pelo, que en la frente alzó arrogante
cresta, desnudo otoño lo ejercita.
Ni contender con el rival podría,
ni esperar, vanamente
crédulo, amor recíproco en la ardiente
llama sabrosa mía.
    Puedo apena sufrirme,
inútil carga, ¿y burlas, oh hermosa?
¿o provócasme seria? ¿y conducirme
20 a tu milicia esperas peligrosa?
Su Cipro, ay, Venus ha desamparado,
y en fuego convertida
y en belleza (ya tal se mostró en Ida),
toda en mí se ha lanzado.
    Árdenme aquellos ojos
negros de la Amarili, que, serenos,
roban el sol; aquellos sus enojos
árdenme, de sal, más que de ira, llenos;
su dulcemente acerba rebeldía,
30 y de su negro pelo
el oro, el fuego. ¿Arabia y Mongibelo
tal fuego, oro tal cría?
    ¿Quién trocará, prudente,
por cuanto el Inca atesoró, el cabello

de Amarili? ¿y por todo el rico Oriente?:
cuando ella tuerce—¡oh, cómo hermosa!—el cuello
a mis ardientes besos, y, rogada,
con saña fácil niega
lo que ella, más que el mismo que le ruega,
40 dar quisiera, robada.

54

**RESPUESTA A OTRA ODA DE JUAN ANTONIO
DEL ALCÁZAR, EN QUE LE CONVIDABA A
UNA CASA DE RECREACIÓN SOBRE EL RÍO**

No inquieras cuidadoso
lo que maquina el turco y el britano,
dueño de nuestros mares afrentoso,
oh Flavio, ni te altere el miedo vano
de si podrá cualquiera larga renta
servir al uso breve de la vida,
que del profano exceso
a grandeza modesta reducida
con tu profundo seso,
10 pequeño censo hacer podrá contenta.
Atrás huye ligera
la alegre juventud (¡quién la alcanzara!
mas ¡oh, antes de irse, asirla quién pudiera!)
y la tez nueva y fresca de la cara.
La vejez llega, siempre intempestiva,
y aquellos pierde, aquellos orgullosos
amores, con el ceño
grave; y de los sentidos deseosos
desvía el fácil sueño,
20 sabroso, ¡oh cuánto ya!, a la edad lasciva.
Si los ojos al suelo
próvidos inclinamos, ¡cómo hermosa,
cuando se ríe con la luz el cielo,
sus hojas abre al nuevo sol la rosa!

(¿Y tú, ingrato, de envidia la marchitas?)
Al cielo si volvemos, en la luna
no un semblante hallamos.
¿Por qué, pues, con prudencia así importuna
el ánimo cansamos,
30 menor que para trazas infinitas?
    Dejemos, bien prudentes,
oh mi dulce Mecenas, oh mi amparo,
penas que nos oprimen insolentes;
y allí a la orilla, allí, del Betis claro
(casas a ti, gran dueño suyo, estrechas;
a la pequeñez nuestra gran palacio),
vivamos desceñidos,
descuidados vivamos y de espacio,
del río entretenidos,
40 pocas, fáciles horas, y derechas.
    Tú así como rogando
lo mandas, mas oculta fuerza tiene,
fuerza de ley, aquel tu imperio blando.
¿Podrélo resistir? ¿Barquero viene,
toldado el barco y fresco? Mueve, mueve
los remos a compás, y apriesa, lenta-
mente, vamos do, armada
de paz, ya espera fácil, ya contenta
la mesa, coronada
50 de flores, y de frutas, y de nieve:
    y de amistad sabrosa,
sazón de todo. ¿Y Julio tuvo en precio
de un breve cetro la ambición medrosa?
¿Y era varón? ¡Oh deslumbrado! ¡Oh necio!
Suena la lira, Anfriso; y tú, Nerea,
dame agua; bose el búcaro; bebamos;
por los pechos se vierta;
todo es salud. ¡Oh, así vivir podamos!
La ventana esté abierta,
60 por si bullere un soplo de marea.

55

No sé cómo, ni cuándo, ni qué cosa
sentí, que me llenaba de dulzura:
sé que llegó a mis brazos la hermosura,
de gozarse conmigo codiciosa.

Sé que llegó, si bien, con temerosa
vista, resistí apenas su figura:
luego pasmé, como el que en noche escura,
perdido el tino, el pie mover no osa.

Siguió un gran gozo a aqueste pasmo, o sueño
—no sé cuándo, ni cómo, ni qué ha sido—
que lo sensible todo puso en calma.

Ignorallo es saber; que es bien pequeño
el que puede abarcar solo el sentido,
y éste pudo caber en sola el alma.

RODRIGO CARO
(1573–1647)

RODRIGO CARO was born at Utrera, in the province of Seville. He later practised law in Utrera and Seville, became a priest, and held a number of ecclesiastical posts. His main activity, however, was as an antiquarian and local historian, and his prose-works include several chronicles, as well as an interesting series of biographical sketches, *Varones insignes en letras de Sevilla*, ranging from St. Isidore to Herrera. He wrote a number of poems in Latin and Spanish, of which the most famous is the *Canción a las ruinas de Itálica*. Caro revised this one poem over a long period of time; the five existing versions have been studied by E. M. Wilson (*Revista de Filología Española*, XXIII, 1936) and, more recently, by A. del Campo (*RFE*, XLI, 1957). The version printed here is the best, as well as the first to be published. It seems no coincidence that it originally appeared in the *Parnaso español* of López de Sedano (1774): Caro's rhetoric, particularly in this version, might easily be the work of an eighteenth-century neo-classical poet. Despite obvious flaws—monotony of movement, stereotyped epithets, and an occasional forcing of the emotion—the poem is skilfully constructed and contains a number of fine effects. All five versions are printed in P. Blanco Suárez, *Poetas de los siglos XVI y XVII*, Biblioteca literaria del estudiante, Madrid, 1933.

56

CANCIÓN A LAS RUINAS DE ITÁLICA

Estos, Fabio, ¡ay dolor! que ves ahora
campos de soledad, mustio collado
fueron un tiempo Itálica famosa.

Aquí de Cipión la vencedora
colonia fue: por tierra derribado
yace el temido honor de la espantosa
muralla, y lastimosa
reliquia es solamente.
De su invencible gente
10   sólo quedan memorias funerales,
donde erraron ya sombras de alto ejemplo.
Este llano fue plaza, allí fue templo:
de todo apenas quedan las señales.
Del gimnasio y las termas regaladas
leves vuelan cenizas desdichadas.
Las torres que desprecio al aire fueron
a su gran pesadumbre se rindieron.

   Este depedazado anfiteatro,
impio honor de los dioses, cuya afrenta
20   publica el amarillo jaramago,
ya reducido a trágico teatro,
¡oh fábula del tiempo! representa
cuánta fue su grandeza, y es su estrago.
¿Cómo en el cerco vago
de su desierta arena
el gran pueblo no suena?
¿Dónde, pues fieras hay, está el desnudo
luchador, dónde está el atleta fuerte?
Todo desapareció: cambió la suerte
30   voces alegres en silencio mudo:
mas aun el tiempo da en estos despojos
espectáculos fieros a los ojos:
y miran tan confusos lo presente,
que voces de dolor el alma siente.

   Aquí nació aquel rayo de la guerra,
gran padre de la patria, honor de España,
pío, felice, triunfador Trajano,
ante quien muda se prostró la tierra
que ve del sol la cuna, y la que baña

40 el mar también vencido gaditano.
    Aquí de Elio Adriano,
    de Teodosio divino,
    de Silio peregrino
    rodaron de marfil y oro las cunas.
    Aquí ya de laurel, ya de jazmines
    coronados los vieron los jardines
    que ahora son zarzales y lagunas.
    La casa para el César fabricada
    ¡ay! yace de lagartos vil morada.
50 Casas, jardines, césares murieron,
    y aun las piedras que de ellos se escribieron.
        Fabio, si tú no lloras, pon atenta
    la vista en largas calles destrüidas,
    mira mármoles y arcos destrozados,
    mira estatuas soberbias, que violenta
    Némesis derribó, yacer tendidas;
    y ya en alto silencio sepultados
    sus dueños celebrados.
    Así a Troya figuro,
60 así a su antiguo muro.
        Y a ti, Roma, a quien queda el nombre apenas,
    oh patria de los dioses y los reyes:
    y a ti, a quien no valieron justas leyes,
    fábrica de Minerva, sabia Atenas.
    Emulación ayer de las edades,
    hoy cenizas, hoy vastas soledades;
    que no os respetó el hado, no la muerte
    ¡ay! ni por sabia a ti, ni a ti por fuerte.
        Mas ¿para qué la mente se derrama
70 en buscar al dolor nuevo argumento?
    Basta ejemplo menor, basta el presente.
    Que aun se ve el humo aquí, aun se ve la llama,
    aun se oyen llantos hoy, hoy ronco acento.
    Tal genio, o religión fuerza la mente
    de la vecina gente

que refiere admirada
que en la noche callada
una voz triste se oye que llorando
"Cayó Itálica" dice: y lastimosa
80 Eco reclama "Itálica" en la hojosa
selva, que se le opone resonando
"Itálica": y el caro nombre oído
de Itálica, renuevan el gemido
mil sombras nobles en su gran rüina.
¡Tanto, aun la plebe a sentimiento inclina!
  Esta corta piedad, que agradecido
huésped a tus sagrados manes debo,
les dó y consagro, Itálica famosa.
Tú (si lloroso don han admitido
90 las ingratas cenizas de que llevo
dulce noticia asaz si lastimosa)
permíteme piadosa
usura a tierno llanto
que vea el cuerpo santo
de Geroncio, tu mártir y prelado.
Muestra de su sepulcro algunas señas,
y cavaré con lágrimas las peñas
que ocultan su sarcófago sagrado.
Pero mal pido el único consuelo
100 de todo el bien que airado quitó el cielo.
Goza en las tuyas sus reliquias bellas,
para invidia del mundo y las estrellas.

FRANCISCO DE BORJA, PRÍNCIPE DE ESQUILACHE
(1577–1658)

FRANCISCO DE BORJA Y ARAGÓN, Prince of Esquilache, a descendant of the Borgia family, was Viceroy of Peru from 1615 to 1621. He was a close friend of the Argensolas, and his own poetry reflects the influence of the Aragonese school. His sonnets and other poems in the Italianate manner aim at a formal elegance and simplicity of diction which place them in the line of Garcilaso, though their imagery —ruins, hour-glasses, cosmic disturbances—is unmistakably of its time. Like the Argensolas, Esquilache attacked *culteranismo* in the name of stylistic purity; unlike them, he wrote successfully within the popular tradition, and his *villancicos* and *romances*, like the one printed here, can stand comparison with similar poems by Góngora. His *Obras en verso* (1648) were reprinted six years later in Antwerp, in an exceptionally fine edition. Esquilache also wrote a heroic poem, *Nápoles recuperada por el rey don Alfonso* (1651) and translated the *Prayers and meditations* of Thomas à Kempis. *Obras en verso*, Antwerp, 1654; *Biblioteca de autores españoles*, vol. 42, Madrid, 1923, pp. 530–2. There is no modern edition of the complete poems.

57

Montes de nieve son los que de flores
pació el toro de abril en las montañas,
y el cierzo airado impide en sus cabañas
la entrada y la salida a los pastores.

Mirábanse los días tan menores
que en breves horas, al trabajo extrañas,
la luz apenas vieron las campañas
y el monte poco más que resplandores.
   Todo se altera, todo se embravece,
10 y envueltos con la nieve y con el viento,
el soto gime y Manzanares crece.
   Su imperio desconoce el firmamento
y orbe de plata a veces le parece,
y otras, que se trastorna de su asiento.

58

   Tan dormido pasa el Tajo
entre unos álamos verdes,
que ni los troncos le escuchan,
ni las arenas le sienten.
   En su silencio y descanso
los ruiseñores alegres
a voces le están diciendo
que, pues sale el sol, despierte.
   En los juncos de su orilla
10 daba la dulce corriente,
si no de que está despierta,
señales de que se mueve.
   Hasta llegar a Toledo,
no es posible que recuerde;
que sólo despiertan peñas
a quien sobre arenas duerme.
   Junto a un peñasco en que forma
el sol en su orilla siempre,
al nacer, sombra en las aguas,
20 y en los campos, al ponerse,
   estaba el pastor Lisardo
con las ovejas que tiene,
que por ver la cara al sol

ni juegan, pacen, ni beben,
y templando el instrumento,
que no fue poco el tenerle,
dijo a las del Tajo,
a quien cantó tantas veces:
    "Cristales del Tajo,
30 que dormís al son
del risueño viento,
de su alegre voz,
despertad, que os llaman
las aves y el sol.
    Aguas cristalinas
que bajáis de Cuenca
a regar los campos
y a dejar las sierras,
    si en vuestras riberas
40 no os despierto yo,
despertad, que os llaman
las aves y el sol."

LUIS MARTÍN DE LA PLAZA
(1577–1625)

LUIS MARTÍN DE LA PLAZA is one of the best of the group of Antequera poets which includes Pedro de Espinosa. He was born in Antequera, of humble parents, and studied at the University of Osuna. Later, he became a priest and for a time was a canon in Seville. Twenty-six of his poems appear in the *Flores* of Espinosa (1605), and he is represented in several other anthologies of the time. His madrigal "Iba cogiendo flores . . . " was extremely popular in the seventeenth century; the sonnet I have included is more original, and shares the delight in marine imagery which Espinosa displays on a larger scale in his *Navegación de San Raimundo*. *Primera parte de las flores de poetas ilustres*, ed. Quirós and Rodríguez Marín, Seville, 1896. There is no collected edition.

59

Nereidas, que con manos de esmeraldas,
para sangrarle las ocultas venas,
de perlas, nácar y corales llenas,
azotáis de Neptuno las espaldas;
  y ceñidas las frentes con guirnaldas,
sobre azules delfines y ballenas
oro puro cernéis de las arenas,
y lo guardáis en las mojadas faldas;
  decidme, así de nuestro alegre coro

10　no os aparte aquel dios que en Eolia mora
　　y con valiente soplo os hace agravios,
　　　　¿halláis corales, perlas, nácar, oro,
　　tal como yo lo hallo en mi señora
　　en cabellos, en frente, en boca, en labios?

PEDRO DE ESPINOSA
(1578–1650)

PEDRO DE ESPINOSA was born in Antequera, where he became a leading member of the circle of poets which included Luis Martín de la Plaza and Agustín de Tejada. His anthology, *Primera parte de flores de poetas ilustres de España* (1605), is the most important collection of the period, and contains his own early poems, notably the *Fábula de Genil* and *A la navegación de San Raimundo*. The brilliant colouring and pictorial detail of these poems have been justly admired, often to the neglect of the later work, which is very different in character. In 1606, Espinosa withdrew from society and, under the name of Pedro de Jesús, lived for several years as a hermit. In 1615, he became chaplain to the Conde de Niebla, one of the outstanding literary patrons of the time, in whose household he remained for the rest of his career. The years 1606–15 mark a series of spiritual crises in Espinosa's life, and the most important poems of this period, the two *Psalmos* and the *Soledad de Pedro de Jesús*, reflect something of this personal background. In these poems, Espinosa makes striking use of the old tradition of meditation on the creatures —the idea of the created world as the symbolic alphabet of God— which has its roots in medieval writers like Hugh of St. Victor and St. Bonaventure. His two most immediate sources are Luis de Granada (1504–88) and Francisco de Osuna (1497–1542?), whose work offers a number of textual parallels with certain passages of the poems. Espinosa is not a poet whose work shows a steady development of meaning. The *Soledad del Gran Duque*, written some years later, is more monumental, and less rich, than the *Soledad de Pedro de Jesús*, and his last known work, the *Psalmo penitencial*, is disappointingly trite. The visual brilliance of the early poems, however, is quite remarkable, and the handful of poems written in the first years of his religious life shows how even a minor poet may absorb new strength from a particular devotional tradition. *Obras*, ed. F. Rodríguez Marín, Madrid, 1909.

60

A LA NAVEGACIÓN DE SAN RAIMUNDO

    Tiran yeguas de nieve
el carro de cambiante argentería
sobre que viene el día
con rubias trenzas, de quien perlas llueve;
la alcatifa sembrada de diamantes
se borda y se matiza
de génuli, carmín y azul ceniza,
cuando de sus alcobas,
cerúleas, espumantes,
10 sale Neptuno horrendo,
quitando de la frente el musgo y ovas,
alborotando con el sordo estruendo
que hacen los tritones,
que en torno van de un manto
que el agua corta, que sustenta un santo;
y recostado en el azul tridente,
con arrugada frente,
mira el barco veloz que va volando,
sus erizadas ondas despreciando.
20   De claridades bellas
vido pintada y rica la canoa;
que la luna era proa,
la popa el sol, y lo demás estrellas;
y, viendo aquesta maravilla santa,
bebe el delgado viento
y a un caracol torcido le da aliento
y en el profundo estrecho,
oyendo furia tanta,

Doris, con miedo helado,
30 los azules hijuelos llegó al pecho;
aparecieron sobre el mar salado
los escamosos dioses,
a quien Neptuno pide
apriesa el carro que las ondas mide;
encima sube, a los caballos grita
y a volar los incita,
hasta que al venerable santo llega,
y con espuma los tritones ciega.
   Parece el mar que bulle
40 brocado azul, de plata la entretela;
por donde el carro vuela,
que, por más gala, a veces se zabulle;
de nácares cubiertas las espaldas
relumbra el dios que rige
fieros caballos de color de acije,
que con las ondas chocan,
del cual, entre esmeraldas
y sanguinos corales,
los cabellos al pecho helado tocan,
50 de quien manan clarísimos cristales,
y sobre el carro verde,
un caudaloso río
de las barbas preñadas de rocío;
y los que deste triunfo allí se admiran
también del viejo miran
que las canas, por más ornato, aforra
de una arrugada concha en vez de gorra.
   Arrojan los delfines
por las narices blanca espuma en arco
60 sobre el profundo charco,
y, destilando de las verdes crines
aljófar, las nereidas asomaron
y las dulces sirenas
sobre pintadas conchas de ballenas;

Tritón, Forco y Proteo
delante se mostraron,
cuando salió rigiendo
un caballo marino el dios Nereo,
que con hendido pie va el mar hendiendo.
70 La escuadra de las ninfas
ligera en torno zarpa,
midiendo acentos en discante y arpa;
y tú, Raimundo, sobre el pobre manto,
miras la fiesta, en tanto,
que hace a tu santísima persona
el turquesado mar de Barcelona.
   Con ligera pujanza
el Rey te sigue, y con hinchadas velas,
en tanto que tú vuelas,
80 venciendo tu barquillo su esperanza;
tórnase cana espuma el mar cerúleo;
los remeros que bogan
del movimiento del batir se ahogan;
abriendo cuevas hondas,
con movimiento hercúleo,
herrados espolones
rompen las crespas y sonantes ondas;
tiemblan con los furiosos empellones
las galeras de abeto;
90 los forzados, remando,
arroyos de sudor iban sudando,
y el Rey entiende que un lugar no pasa;
en cólera se abrasa,
y, arrebatado de un dolor interno,
vierte el coraje por el rostro tierno.
   Mas tú, tomando tierra,
y religiosa admiración la orilla,
sacudes la barquilla
que te libró de tormento y guerra,
100 y así la cuelgas en sagrado templo

como cuando, devoto,
la tabla al templo consagró el piloto.
Los hombres que miraron
el caso sin ejemplo,
siguiéndote infinitos,
en confusos tropeles te cercaron,
hiriendo las estrellas con los gritos;
mas tú, ¡oh padre Raimundo!,
del tropel te adelantas
110 con rostro humilde y sosegadas plantas,
y, en tu celda encerrado,
del Rey lloras y gimes el pecado;
el cual, tomando puerto apriesa apriesa,
se arrepiente, te busca y se confiesa.

    Canción, que, navegando,
vas tras de San Raimundo,
con el favor de don Andrés de Córdoba,
no al ábrego bramando
ni al piélago profundo
120 temas: porque la virgen Panopea
te ha prometido cierto
buen tiempo, mar tranquilo, dulce puerto.

61

PSALMO I

    Pregona el firmamento
las obras de tus manos,
y en mí escribiste un libro de tu ciencia;
tierra, mar, fuego, viento
publican tu potencia,
y todo cuanto veo
me dice que te ame
y que en tu amor me inflame;
mas mayor que mi amor es mi deseo.

10 Mejor que yo, Dios mío, lo conoces;
sordo estoy a las voces
que me dan tus sagradas maravillas
llamándome, Señor, a tus amores:
¿quién te enseñó, mi Dios, a hacer flores
y en una hoja de entretalles llena
bordar lazos con cuatro o seis labores?
¿Quién te enseñó el perfil de la azucena,
o quién la rosa coronada de oro,
reina de los olores,
20 y el hermoso decoro
que guardan los claveles,
reyes de los colores,
sobre el botón tendiendo su belleza?
¿De qué son tus pinceles,
que pintan con tan diestra sutileza
las venas de los lirios?
La luna y el sol, sin resplandor segundo,
ojos del cielo, lámparas del mundo,
¿de dónde los sacaste,
30 y los que el cielo adornan por engaste
albos diamantes trémulos?
¿Y el que buscando el centro tiene fuego
claro desasosiego?
¿Y el agua, que, con paso medio humano,
busca a los hombres, murmurando en vano
que el alma se le iguale en floja y fría?
¿Y el que, animoso, al mar lo vuelve cano,
no por la edad, por pleitos y porfía,
viento hinchado que tormentas cría?
40 ¿Y sobre qué pusiste
la inmensa madre tierra,
que embraza montes, que provincias viste,
que los mares encierra
y con armas de arena los resiste?
¡Oh altísimo Señor que me hiciste!

No pasaré adelante:
tu poder mismo tus hazañas cante:
que, si bien las mirara,
sabiamente debiera de estar loco,
50 atónito y pasmado desto poco.
¡Ay! tu olor me recrea,
sáname tu memoria,
mas no me hartaré hasta que vea,
¡oh Señor!, tu presencia, que es mi gloria.
¿En dónde estás, en dónde estás, mi vida?
¿Dónde te hallaré? ¿Dónde te escondes?
Ven, Señor, que mi alma
de amor está perdida,
y Tú no le respondes;
60 desfallece de amor y dice a gritos:
"¿Dónde le hallaré, que no le veo,
a Aquel, a Aquel hermoso que deseo?"
Oigo tu voz y cobro nuevo aliento;
mas como no te hallo,
derramo mis querellas por el viento.
¡Oh amor! ¡Oh Jesús mío!
¡Oh vida mía!, recibid mi alma,
que herida de amores os la envío,
envuelta en su querella.
70 ¡Allá, Señor, os avenid con ella!

62

PSALMO II

Levanta entre gemidos, alma mía,
el grito afectuoso,
pidiendo amor, pues Dios te lo ha mandado,
¡oh mi esperanza, oh gloria, oh mi alegría,
oh mi Esposo gentil, oh dulce Esposo,
querido mío, amante regalado,
más florido que el prado!

Ven, ven, no tardes; ven, sabroso fuego;
no tardes: luego luego
10 tu rayo me deshaga;
sienta mi corazón la honda llaga
de tu saeta ardiente.
El generoso vino, alegremente,
de tu botillería
robó mis ojos de la luz del día;
robóme los sentidos
y, con gloriosa libertad perdidos,
ni yo me hallé en mí, ni en mí está l'alma,
que agora pide fuego.
20 ¿Cuándo me veré ciego,
que Tú veas con mis ojos?
¿Cuándo, fuera de Ti, serán abrojos
los jazmines de mayo?
Rómpeme el pecho con ardiente rayo;
anégame y escóndeme en tus llamas;
hazme, Señor, contigo un mismo espíritu.
Amado, amado mío,
en Ti, Señor, confío:
¿Por qué, si el cielo abrasas y la tierra,
30 fuego bravo y süave,
dejas mi corazón helado y frío,
y, hinchendo las tierras y los cielos,
estoy de Ti vacío?
Tú que los campos vistes
de ingeniosas libreas,
de azules violas y dorados lirios,
Tú que en amor los pájaros recreas
y a las chicas hormigas
concedes el honor de las espigas,
40 ¿por qué de mí te olvidas, pues me olvido
por Ti, pues, por hallarte, voy perdido?
Ven; no por mí, por tu piedad te llamo;
que, como ausente tórtola

en seco estéril ramo,
con mi llanto grajeo y solicito
la dulce vista del esposo ausente,
o cual herido ciervo que a la fuente
corre y desea en el calor estivo
las vivas aguas con aliento vivo,
50 así mi alma, con afecto ardiente,
desea de hallarte.
Tarde he venido a amarte:
tarde te conocí; tarde he llegado;
¡triste del tiempo triste que he tardado,
mi Dios, sin conocerte, pues estabas
dentro de mí, y de fuera andaba errado,
buscándote en las cosas!
Mas ninguna a pedirte me acobarde
que no me dejes, aunque vengo tarde.

LÓPEZ DE ZÁRATE
(1580–1658)

FRANCISCO LÓPEZ DE ZÁRATE was born in Logroño. He served as a soldier, and was later secretary to don Rodrigo Calderón, Marqués de Sieteiglesias, the patron of Góngora. He survived his master's disgrace and execution (1621), and devoted himself entirely to writing. A selection of his poems, *Varias poesías*, had already appeared in 1619; he also attempted the literary epic (*La invención de la Cruz*, 1648), and his *Obras varias* (1651) contain a group of Senecan tragedies. López de Zárate's best work lies in his meditative sonnets; the one I have chosen has a direct, spoken quality which I find very attractive. *Obras varias*, ed. J. Simón Díaz, 2 vols., Consejo Superior de Investigaciones Científicas, Madrid, 1947.

63
DESPUÉS DE UNA GRANDE ENFERMEDAD EN SU MAYOR EDAD

¡Un año más, Señor, con tanto día,
y con minuto tanto, tanto, tanto!
¡Y en risa tan continua, siendo el llanto
lo que incesablemente se os debía!

¡Perdidos lustros! Y la escarcha fría
(como ya en tiempo) ocupa sin espanto
la cabeza y el rostro, y el quebranto
desune partes que el vigor unía.

¡Casi al último polvo reducido,
10   donde no habrá más paso, aunque la fama
lo pretenda en pirámide o coloso!
     ¿Tan ya sin mí, que estoy de mí olvidado?
¿Tan ya no yo, que soy quien más me infama?
Mostrad en mí el poder de lo piadoso.

ANONYMOUS: A CRISTO CRUCIFICADO

THIS anonymous sonnet, one of the finest religious poems in the language, was first published by Antonio de Rojas in 1628 as one of a number of poems by different authors included as an appendix to his *Vida del espíritu*. Attempts to discover its author have so far failed; in particular, the attribution to a Mexican Augustinian, Fray Miguel de Guevara, though interesting as evidence of the poem's wide circulation, has now been discredited. As Marcel Bataillon has pointed out, the ideas expressed in the poem have direct precedents in several sixteenth-century writers influenced by the Erasmian movement, notably Juan de Valdés (d. 1541) and Juan de Ávila (1500–69). In theory at least, such a sonnet could have been written at any time after the middle of the sixteenth century. Though the literary quality of the poem is undeniable, it was almost certainly intended in the first place as a text for meditation within a very definite and widespread spiritual tradition. As Bataillon says: "Es un momento de la espiritualidad 'cristocéntrica', un eslabón aviliano de la cadena que une la escuela italiana de los *spirituali* y del Beneficio de Cristo con la escuela del Puro Amor que florece en la Francia de Luis XIII".

64

A CRISTO CRUCIFICADO

No me mueve, mi Dios, para quererte
el cielo que me tienes prometido;
ni me mueve el infierno tan temido
para dejar por eso de ofenderte.

Tú me mueves, Señor; muéveme el verte
clavado en una cruz y escarnecido;
muéveme ver tu cuerpo tan herido;
muévenme tus afrentas y tu muerte.

Muéveme, en fin, tu amor, y en tal manera,
10 que aunque no hubiera cielo, yo te amara,
y aunque no hubiera infierno, te temiera.

No tienes que me dar porque te quiera;
pues aunque cuanto espero no esperara,
lo mismo que te quiero te quisiera.

FRANCISCO DE QUEVEDO
(1580–1645)

FRANCISCO DE QUEVEDO Y VILLEGAS, one of the greatest Spanish poets and also a remarkable prose-writer, was born in Madrid, where his father was secretary to the Empress Maria of Austria and later to Queen Ana, wife of Philip II. After studying with the Jesuits, Quevedo attended the Universities of Alcalá and Valladolid, where he first made his mark as a poet and wit. In 1605, eighteen of his poems appeared in the *Flores* of Espinosa; his enmity with Góngora and his friendship with the neo-Stoic philosopher Justus Lipsius date from this time. In the following year, Quevedo returned to Madrid, where he began to write his two most famous prose works, the picaresque novel, *La vida del Buscón* and the satirical fantasies of *Los sueños*. In 1613, he went to Naples as private secretary to the Duque de Osuna, Viceroy of Sicily, and was entrusted with a number of important diplomatic missions. After Osuna's disgrace in 1621, Quevedo was banished from Court and for a short time imprisoned. His fortunes soared again, however, as a result of his good relations with the Conde-Duque de Olivares (later to become one of his most powerful enemies). Despite his fame as a writer, the last ten years of his life were increasingly harsh. An ill-advised marriage in 1634 was followed by three years' imprisonment (1639–43), for reasons which remain obscure. After a long period of solitary confinement in the Convent of San Marcos de León, Quevedo was released, broken in health, though he continued to write on his estate of La Torre de Juan Abad (Ciudad Real) and later at Villanueva de los Infantes, where he died.

Quevedo's collected verse contains almost 900 poems. As well as being a formidable polymath (he translated from French, Greek,

Latin and Hebrew), he wrote poetry with even greater versatility than Góngora or Lope de Vega. As Blecua has written: "Con una imaginación sencillamente extraordinaria, una pasión y un fabuloso dominio de la lengua, Quevedo pasa tranquilamente de un soneto metafísico a un soneto amoroso o burlesco; salta con toda facilidad de un romance en lengua germanesca a un poema religioso". Dámaso Alonso uses the phrase "desgarrón afectivo" to suggest the restless temperament which underlies the extraordinary tensions of Quevedo's best verse. His moral poems are a unique combination of classical sobriety, mental agility and emotional resonance; the love poems, in particular the series of sonnets addressed to "Lisi", are equally fine. Though they build on many of the commonplaces of the Petrarchan and courtly traditions, they insist, more than any other poems of the period, on the possible permanence of love in the face of death. This characteristic note of defiance, with undertones ranging from melancholy to arrogance and anger, is expressed in a language of astonishing modernity, in which the techniques of *conceptismo* are made to seem the necessary condition of poetic expression. *Obras completas*, vol. I: *Poesía original*, ed. J. M. Blecua, Barcelona, 1963; *Poesía amorosa*, ed. J. M. Blecua, Biblioteca Anaya, no. 58, Salamanca, 1965.

65

REPRESÉNTASE LA BREVEDAD DE LO QUE SE VIVE Y CUÁN NADA PARECE LO QUE SE VIVIÓ

"¡Ah de la vida!" . . . ¿Nadie me responde?
¡Aquí de los antaños que he vivido!
La Fortuna mis tiempos ha mordido;
las Horas mi locura las esconde.

¡Que sin poder saber cómo ni adónde
la salud y la edad se hayan hüido!
Falta la vida, asiste lo vivido,
y no hay calamidad que no me ronde.

Ayer se fue; mañana no ha llegado;
10 hoy se está yendo sin parar un punto;
soy un fue, y un será, y un es cansado.
    En el hoy y mañana y ayer, junto
pañales y mortaja, y he quedado
presentes sucesiones de difunto.

66

CONOCE LA DILIGENCIA CON QUE SE ACERCA LA MUERTE, Y PROCURA CONOCER TAMBIÉN LA CONVENIENCIA DE SU VENIDA, Y APROVECHARSE DE ESE CONOCIMIENTO

    Ya formidable y espantoso suena
dentro del corazón el postrer día;
y la última hora, negra y fría,
se acerca, de temor y sombras llena.
    Si agradable descanso, paz serena
la muerte en traje de dolor envía,
señas da su desdén de cortesía:
más tiene de caricia que de pena.
    ¿Qué pretende el temor desacordado
10 de la que a rescatar piadosa viene
espíritu en miserias anudado?
    Llegue rogada, pues mi bien previene;
hálleme agradecido, no asustado;
mi vida acabe, y mi vivir ordene.

67

    Miré los muros de la patria mía,
si un tiempo fuertes, ya desmoronados,
de la carrera de la edad cansados,
por quien caduca ya su valentía.

Salíme al campo, vi que el sol bebía
los arroyos del hielo desatados,
y del monte quejosos los ganados,
que con sombras hurtó su luz al día.

Entré en mi casa; vi que, amancillada,
10 de anciana habitación era despojos;
mi báculo, más corvo y menos fuerte.

Vencida de la edad sentí mi espada,
y no hallé cosa en que poner los ojos
que no fuese recuerdo de la muerte.

68

Todo tras sí lo lleva el año breve
de la vida mortal, burlando el brío
al acero valiente, al mármol frío,
que contra el Tiempo su dureza atreve.

Antes que sepa andar el pie, se mueve
camino de la muerte, donde envío
mi vida oscura: pobre y turbio río
que negro mar con altas ondas bebe.

Todo corto momento es paso largo
10 que doy, a mi pesar, en tal jornada,
pues, parado y durmiendo, siempre aguijo.

Breve suspiro, y último, y amargo,
es la muerte, forzosa y heredada:
mas si es ley, y no pena, ¿qué me aflijo?

69

¡Cómo de entre mis manos te resbalas!
¡Oh, cómo te deslizas, edad mía!
¡Qué mudos pasos traes, oh muerte fría,
pues con callado pie todo lo igualas!

    Feroz, de tierra el débil muro escalas,
en quien lozana juventud se fía;
mas ya mi corazón del postrer día
atiende el vuelo, sin mirar las alas.
    ¡Oh condición mortal! ¡Oh dura suerte!
10 ¡Que no puedo querer vivir mañana
sin la pensión de procurar mi muerte!
    Cualquier instante de la vida humana
es nueva ejecución, con que me advierte
cuán frágil es, cuán mísera, cuán vana.

70

A ROMA SEPULTADA EN SUS RUINAS

    Buscas en Roma a Roma, ¡oh, peregrino!,
y en Roma misma a Roma no la hallas:
cadáver son las que ostentó murallas,
y tumba de sí proprio el Aventino.
    Yace donde reinaba el Palatino;
y limadas del tiempo las medallas,
más se muestran destrozo a las batallas
de las edades que blasón latino.
    Sólo el Tibre quedó, cuya corriente,
10 si ciudad la regó, ya sepoltura
la llora con funesto son doliente.
    ¡Oh, Roma!, en tu grandeza, en tu hermosura,
huyó lo que era firme, y solamente
lo fugitivo permanece y dura.

71

AMOR QUE SIN DETENERSE EN EL AFECTO SENSITIVO PASA AL INTELECTUAL

    Mandóme, ¡ay Fabio!, que la amase Flora,
y que no la quisiese; y mi cuidado,
obediente y confuso y mancillado,
sin desearla, su belleza adora.

Lo que el humano afecto siente y llora,
goza el entendimiento, amartelado
del espíritu eterno, encarcelado
en el claustro mortal que le atesora.
   Amar es conocer virtud ardiente;
10 querer es voluntad interesada,
grosera y descortés caducamente.
   El cuerpo es tierra, y lo será, y fue nada;
de Dios procede a eternidad la mente:
eterno amante soy de eterna amada.

72

AFECTOS VARIOS DE SU CORAZÓN
FLUCTUANDO EN LAS ONDAS DE LOS
CABELLOS DE LISI

   En crespa tempestad del oro undoso,
nada golfos de luz ardiente y pura
mi corazón, sediento de hermosura,
si el cabello deslazas generoso.
   Leandro, en mar de fuego proceloso,
su amor ostenta, su vivir apura;
Ícaro, en senda de oro mal segura,
arde sus alas por morir glorioso.
   Con pretensión de fénix, encendidas
10 sus esperanzas, que difuntas lloro,
intenta que su muerte engendre vidas.
   Avaro y rico y pobre, en el tesoro,
el castigo y la hambre imita a Midas,
Tántalo en fugitiva fuente de oro.

73
RETRATO DE LISI QUE TRAÍA EN UNA SORTIJA

    En breve cárcel traigo aprisionado,
con toda su familia de oro ardiente,
el cerco de la luz resplandeciente,
y grande imperio del Amor cerrado.
    Traigo el campo que pacen estrellado
las fieras altas de la piel luciente:
y a escondidas del cielo y del Oriente,
día de luz y parto mejorado.
    Traigo todas las Indias en mi mano,
10 perlas que, en un diamante, por rubíes,
pronuncian con desdén sonoro hielo,
    y razonan tal vez fuego tirano,
relámpagos de risa carmesíes,
auroras, gala y presunción del cielo.

74
AMOR CONSTANTE MÁS ALLÁ DE LA MUERTE

    Cerrar podrá mis ojos la postrera
sombra que me llevare el blanco día,
y podrá desatar esta alma mía
hora a su afán ansioso lisonjera;
    mas no, de esotra parte, en la ribera,
dejará la memoria, en donde ardía:
nadar sabe mi llama la agua fría,
y perder el respeto a ley severa.
    Alma a quien todo un dios prisión ha sido,
10 venas que humor a tanto fuego han dado,
medulas que han gloriosamente ardido,
    su cuerpo dejará, no su cuidado;
serán ceniza, mas tendrá sentido;
polvo serán, mas polvo enamorado.

75
PERSEVERA EN LA EXAGERACIÓN DE SU AFECTO AMOROSO Y EN EL EXCESO DE SU PADECER

En los claustros del alma la herida
yace callada; mas consume hambrienta
la vida, que en mis venas alimenta
llama por las medulas extendida.
  Bebe el ardor hidrópica mi vida,
que ya, ceniza amante y macilenta,
cadáver del incendio hermoso, ostenta
su luz en humo y noche fallecida.
  La gente esquivo y me es horror el día;
10 dilato en largas voces negro llanto,
que a sordo mar mi ardiente pena envía.
  A los suspiros di la voz del canto,
la confusión inunda el alma mía,
mi corazón es reino del espanto.

76
LETRILLA SATÍRICA

Poderoso caballero
es don Dinero

  Madre, yo al oro me humillo;
él es mi amante y mi amado,
pues, de puro enamorado,
de contino anda amarillo;
que pues, doblón o sencillo,
hace todo cuanto quiero,
poderoso caballero
es don Dinero.

    Nace en las Indias honrado,
10 donde el mundo le acompaña;
viene a morir en España,
y es en Génova enterrado.
Y pues quien le trae al lado
es hermoso, aunque sea fiero,
poderoso caballero
es don Dinero.

    Es galán y es como un oro,
tiene quebrado el color,
persona de gran valor,
20 tan cristiano como moro.
Pues que da y quita el decoro
y quebranta cualquier fuero,
poderoso caballero
es don Dinero.

    Son sus padres principales,
y es de nobles descendiente,
porque en las venas de Oriente
todas las sangres son reales;
y pues es quien hace iguales
30 al duque y al ganadero,
poderoso caballero
es don Dinero.

    Mas ¿a quién no maravilla
ver en su gloria sin tasa
que es lo menos de su casa
doña Blanca de Castilla?
Pero, pues da al bajo silla
y al cobarde hace guerrero,
poderoso caballero
40 es don Dinero.

    Sus escudos de armas nobles
son siempre tan principales,
que sin sus escudos reales
no hay escudos de armas dobles;

     y pues a los mismos robles
     da codicia su minero,
     poderoso caballero
     es don Dinero.

       Por importar en los tratos
50 y dar tan buenos consejos,
     en las casas de los viejos
     gatos le guardan de gatos.
     Y pues él rompe recatos
     y ablanda al juez más severo,
     poderoso caballero
     es don Dinero.

       Y es tanta su majestad
     (aunque son sus duelos hartos),
     que con haberle hecho cuartos,
60 no pierde su autoridad;
     pero, pues da calidad
     al noble y al pordiosero,
     poderoso caballero
     es don Dinero.

       Nunca vi damas ingratas
     a su gusto y afición;
     que a las caras de un doblón
     hacen sus caras baratas;
     y pues las hace bravatas
70 desde una bolsa de cuero,
     poderoso caballero
     es don Dinero.

       Más valen en cualquier tierra
     (¡mirad si es harto sagaz!)
     sus escudos en la paz
     que rodelas en la guerra.
     Y pues al pobre le entierra
     y hace proprio al forastero,
     poderoso caballero
80 es don Dinero.

77
A UN HOMBRE DE GRAN NARIZ

    Érase un hombre a una nariz pegado,
érase una nariz superlativa,
érase una alquitara medio viva,
érase un peje espada mal barbado;
    era un reloj de sol mal encarado,
érase un elefante boca arriba,
érase una nariz sayón y escriba,
un Ovidio Nasón mal narigado.
    Érase el espolón de una galera,
10 érase una pirámide de Egito,
los doce tribus de narices era;
    érase un naricísimo infinito,
frisón archinariz, caratulera,
sabañón garrafal, morado y frito.

78
A UN HIPÓCRITA DE PERENNE VALENTÍA

    Su colerilla tiene cualquier mosca;
sombra, aunque poca, hace cualquier pelo;
rápesele del casco y del cerbelo:
que teme nadie catadura hosca.
    La vista arisca y la palabra tosca;
rebosando la faz libros del duelo,
y por mostachos, de un vencejo el vuelo;
ceja serpiente, que al mirar se enrosca.
    Todos son trastos de batalla andante
10 u de epidemia que discurre aprisa,
muertos atrás y muertos adelante.
    Si el demonio tan mal su bulto guisa,
el moharrache advierta, mendicante,
que pretende dar miedo, y que da risa.

79
REFIERE SU NACIMIENTO Y LAS PROPRIEDADES QUE LE COMUNICÓ

"Parióme adrede mi madre,
¡ojalá no me pariera!,
aunque estaba cuando me hizo
de gorja Naturaleza.

Dos maravedís de luna
alumbraban a la tierra;
que, por ser yo el que nacía,
no quiso que un cuarto fuera.

Nací tarde, porque el sol
10 tuvo de verme vergüenza,
en una noche templada
entre clara y entre yema.

Un miércoles con un martes
tuvieron grande revuelta,
sobre que ninguno quiso
que en sus términos naciera.

Nací debajo de Libra,
tan inclinado a las pesas,
que todo mi amor le fundo
20 en las madres vendederas.

Diome el León su cuartana,
diome el Escorpión su lengua,
Virgo, el deseo de hallarle,
y el Carnero su paciencia.

Murieron luego mis padres;
Dios en el cielo los tenga,
porque no vuelvan acá,
y a engendrar más hijos vuelvan.

Tal ventura desde entonces
30 me dejaron los planetas,
que puede servir de tinta,
según ha sido de negra.

Porque es tan feliz mi suerte,
que no hay cosa mala o buena,
que, aunque la piense de tajo,
al revés no me suceda.
　　De estériles soy remedio,
pues, con mandarme su hacienda,
les dará el cielo mil hijos,
40　por quitarme las herencias.
　　Y para que vean los ciegos,
pónganme a mí a la vergüenza;
y para que cieguen todos,
llévenme en coche o litera.
　　Como a imagen de milagros
me sacan por las aldeas;
si quieren sol, abrigado,
y desnudo, porque llueva.
　　Cuando alguno me convida,
50　no es a banquetes ni a fiestas,
sino a los misacantanos,
para que yo les ofrezca.
　　De noche soy parecido
a todos cuantos esperan
para molerlos a palos,
y así, inocente, me pegan.
　　Aguarda hasta que yo pase,
si ha de caerse una teja;
aciértanme las pedradas:
60　las curas sólo me yerran.
　　Si a alguno pido prestado,
me responde tan a secas,
que, en vez de prestarme a mí,
me hace prestar la paciencia.
　　No hay necio que no me hable,
ni vieja que no me quiera,
ni pobre que no me pida,
ni rico que no me ofenda.

No hay camino que no yerre,
70 ni juego donde no pierda,
ni amigo que no me engañe,
ni enemigo que no tenga.

Agua me falta en el mar,
y la hallo en las tabernas,
que mis contentos y el vino
son aguados dondequiera.

Dejo de tomar oficio,
porque sé por cosa cierta
que en siendo yo calcetero,
80 andarán todos en piernas.

Si estudiara medicina,
aunque es socorrida sciencia,
porque no curara yo,
no hubiera persona enferma.

Quise casarme estotro año,
por sosegar mi conciencia,
y dábanme un dote al diablo
con una mujer muy fea.

Si intentara ser cornudo
90 por comer de mi cabeza,
según soy de desgraciado,
diera mi mujer en buena.

Siempre fue mi vecindad
mal casados que vocean,
herradores que madrugan,
herreros que me desvelan.

Si yo camino con fieltro,
se abrasa en fuego la tierra;
y en llevando guardasol,
100 está ya de Dios que llueva.

Si hablo a alguna mujer
y la digo mil ternezas,
o me pide, o me despide,
que en mí es una cosa mesma.

En mí lo picado es roto;
ahorro, cualquier limpieza;
cualquiera bostezo es hambre;
cualquiera color vergüenza.
  Fuera un hábito en mi pecho
remiendo sin resistencia,
y peor que besamanos
en mí cualquiera encomienda.
  Para que no estén en casa
los que nunca salen de ella,
buscarlos yo sólo basta,
pues con eso estarán fuera.
  Si alguno quiere morirse
sin ponzoña o pestilencia,
proponga hacerme algún bien,
y no vivirá hora y media.
  Y a tanto vino a llegar
la adversidad de mi estrella,
que me inclinó que adorase
con mi humildad tu soberbia.
  Y viendo que mi desgracia
no dio lugar a que fuera,
como otros, tu pretendiente,
vine a ser tu pretenmuela.
  Bien sé que apenas soy algo;
mas tú, de puro discreta,
viéndome con tantas faltas,
que estoy preñado sospechas."
  Aquesto Fabio cantaba
a los balcones y rejas
de Aminta, que aun de olvidarle
le han dicho que no se acuerda.

80

ADVIERTE AL TIEMPO DE MAYORES HAZAÑAS, EN QUE PODRÁ EJERCITAR SUS FUERZAS

 Tiempo, que todo lo mudas:
tú, que con las horas breves
lo que nos diste nos quitas,
lo que llevaste nos vuelves;
 tú, que con los mismos pasos
que cielos y estrellas mueves,
en la casa de la Vida
pisas umbral de la Muerte;
 tú, que de vengar agravios
10 te precias como valiente,
pues castigas hermosuras
por satisfacer desdenes;
 tú, lastimosa alquimista,
pues del ébano que tuerces,
haciendo plata las hebras,
a sus dueños empobreces;
 tú, que con pies desiguales
pisas del mundo las leyes,
cuya sed bebe los ríos,
20 y su arena no los siente;
 tú, que de monarcas grandes
llevas en los pies las frentes;
tú, que das muerte y das vida
a la Vida y a la Muerte:
 si quieres que yo idolatre
en tu guadaña insolente,
en tus dolorosas canas,
en tus alas y en tu sierpe;
 si quieres que te conozcan,
30 si gustas que te confiesen
con devoción temerosa

por tirano omnipotente,
　　da fin a mis desventuras,
pues a presumir se atreven
que a tus días y a tus años
pueden ser inobedientes.
　　Serán ceniza en tus manos,
cuando en ellas los aprietes,
los montes, y la soberbia
40　que los corona las sienes.
　　¿Y será bien que un cuidado,
tan porfiado cuan fuerte,
se ría de tus hazañas
y vitorioso se quede?
　　¿Por qué dos ojos avaros
de la riqueza que pierden
han de tener a los míos
sin que el sueño los encuentre?
　　¿Y por qué mi libertad
50　aprisionada ha de verse,
donde el ladrón es la cárcel
y su juez el delincuente?
　　Enmendar la obstinación
de un espíritu inclemente;
entretener los incendios
de un corazón que arde siempre;
　　descansar unos deseos
que viven eternamente,
hechos martirio del alma,
60　donde están porque los tiene;
　　reprehender a la memoria,
que con los pasados bienes,
como traidora a mi gusto,
a espaldas vueltas me hiere;
　　castigar mi entendimiento,
que en discursos diferentes,
siendo su patria mi alma,

       la quiere abrasar aleve,
       éstas sí que eran hazañas
70 debidas a tus laureles,
       y no estar pintando flores
       y madurando las mieses.

       Poca herida es deshojar
       los árboles por noviembre,
       pues con desprecio los vientos
       llevarse los troncos suelen.

       Descuídate de las rosas
       que en su parto se envejecen;
       y la fuerza de tus horas
80 en obra mayor se muestre.

       Tiempo venerable y cano,
       pues tu edad no lo consiente,
       déjate de niñerías
       y a grandes hechos atiende.

81

TÚMULO DE LA MARIPOSA

   Yace pintado amante,
de amores de la luz, muerta de amores,
mariposa elegante
que vistió rosas y voló con flores,
y codicioso el fuego de sus galas,
ardió dos primaveras en sus alas.
   El aliño del prado
y la curiosidad de primavera
aquí se han acabado,
10 y el galán breve de la cuarta esfera,
que con dudoso y divertido vuelo
las lumbres quiso amartelar del cielo.
   Clementes hospedaron
a duras salamandras llamas vivas;
su vida perdonaron,

y fueron rigurosas como esquivas
con el galán idólatra que quiso
morir como Faetón, siendo Narciso.
  No renacer hermosa,
20 parto de la ceniza y de la muerte,
como fénix gloriosa,
que su linaje entre las llamas vierte,
quien no sabe de amor y de terneza
lo llamará desdicha, y es fineza.
  Su tumba fue su amada;
hermosa, sí, pero temprana y breve;
ciega y enamorada,
mucho al amor y poco al tiempo debe;
y, pues en sus amores se deshace,
30 escríbase: *Aquí goza, donde yace.*

CONDE DE VILLAMEDIANA
(1582–1622)

JUAN DE TASSIS Y PERALTA, Conde de Villamediana, was born in Lisbon. His father was *Correo mayor* (controller of the Castilian postal system) under Philip II, a post to which Villamediana himself eventually succeeded. Villamediana was brought up at Court in Madrid, and studied for a time with the humanist Jiménez Patón. He became one of the most important courtiers of Philip III, and gained a reputation as a wit and as a collector of works of art. His passion for gambling caused him to be banished for a time from Madrid. At some stage between 1605 and 1611, he travelled to Paris and Flanders, and from 1611 to 1615 he was a member of the household of the Conde de Lemos in Naples, where he was a leading member of the literary group known as the *Academia de los ociosos*. Shortly after his return to Madrid, he was banished once again for his bitter satires against several of the favourites of the time. The accession of Philip IV (1621) promised to favour his career; however, he was stabbed to death by an unknown assassin on the night of August 21st, 1622, for reasons which remain obscure. Góngora's sense of shock ("Mi desgracia ha llegado a lo sumo con la desdichada muerte del Conde de Villamediana") must have included grief at the destruction of a potentially major poet. Though best known to his contemporaries for his virulent political satires and epigrams, Villamediana wrote some of the finest verse of his time, and his *Fábula de Faetón* (1618) is a brilliantly sustained exercise in Góngora's own manner. The recent publication of his early poems shows that a crucial change took place in his work after 1616, as a result of reading the *Polifemo* and the *Soledades*. On the whole, however, he reserves his imitations of Góngora for the longer poems; his sonnets show a restraint of both feeling and diction which points in the direction of Garcilaso, though the voice which sounds through them is an entirely personal one. As Luis Rosales has written: "Es nuestro primer poeta de amor ... Su mundo poético elemental, de sentimientos solos, inasible a fuerza de insinuante pormenorización, crea un ambiente de sutileza y gracilidad que se nos muere en la palabra". *Obras*, Madrid, 1635; *Biblioteca de autores españoles*, vol. 42, Madrid, 1923, pp. 155–65; *Cancionero de Mendes Britto: poesías inéditas del Conde de Villamediana*, ed. J. M. Rozas, Consejo Superior de Investigaciones Científicas, Madrid, 1965. There is no modern edition of the complete poems, but a useful selection is contained in *Cruz y raya*, vol. 28, Madrid, 1935.

82

Silencio, en tu sepulcro deposito
ronca voz, pluma ciega, y triste mano,
para que mi dolor no cante en vano,
al viento dado y en la arena escrito.

Tumba y muerte de olvido solicito,
aunque de avisos más que de años cano,
donde hoy más que a la razón me allano;
y al tiempo le daré cuanto me quito.

Limitaré deseos y esperanzas,
10 y en el orbe de un claro desengaño
márgenes pondré breves a mi vida,

para que no me venzan asechanzas
de quien intenta procurar mis daños
y ocasionó tan próvida hüida.

83

Cesen mis ansias ya desengañadas
del prolijo anhelar de mis porfías,
cesen aquí las esperanzas mías
desmentidas primero que formadas.

No escarnecidas ya, sino avisadas,
mis voces lograrán orejas pías,
un sol verán mis ojos, y unos días
que consten de horas nunca adulteradas.
   Destas ondas el claro movimiento
10 espejo es que me muestra en el más puro
cristal de sus orillas mi escarmiento,
   quedándole ya sólo por seguro
a mi querella el tribunal del viento,
a mi fortuna un esperar oscuro.

84

   Debe tan poco al tiempo el que ha nacido
en la estéril región de nuestros años,
que, premiada la culpa y los engaños,
el mérito se encoge escarnecido.
   Ser un inútil anhelar perdido
y natural remedio a los extraños,
avisar las ofensas con los daños
y haber de agradecer el ofendido.
   Máquina de ambición, aplausos de ira
10 donde sólo es verdad el justo miedo
del que percibe al daño y se retira.
   Violenta adulación, mañoso enredo
en fe violada han puesto a la mentira
fuerza de ley y sombra de denuedo.

85

   Tarde es, Amor, ya tarde y peligroso
para emprender ahora que mis quejas
hallen justa piedad en las orejas
que concluyó el desdén más riguroso.

Porque a tantos avisos no es forzoso
idolatrar los hierros de unas rejas,
ni juntar a fe nueva penas viejas
permite el tiempo a un ánimo dudoso.

Tus cadenas, Amor, tus hierros duros
10 mejor ya en mí parecen forcejados
que peligrosamente obedecidos.

Bienes dudosos, males son seguros,
y los desdenes más solicitados,
avisos con escrúpulo admitidos.

86

Aquí donde fortuna me destierra
con vos estoy, señora, aunque sin veros;
por milagro este bien me hizo quereros,
que en lo demás ningún pesar me yerra.

Sin que pueda morir me falta tierra;
moriré en la memoria de perderos,
seguro con saber que ha de teneros
en sí mi alma donde amor os cierra.

A la vista inmortal del pensamiento
10 no se verá jamás que ausencia impida
lo que impide a mis ojos hoy mi suerte.

Ni yo desde tan largo apartamiento
tengo más que ofreceros que una vida
que de no veros es eterna muerte.

LUIS CARRILLO DE SOTOMAYOR
(1581/2–1610)

LUIS CARRILLO DE SOTOMAYOR was born in Córdoba, of noble parents. His father was President of the Consejo de Hacienda under Philip III; Carrillo himself was a member of the Order of Santiago and later *cuatralbo* (commander of four galleys) in the Spanish Navy. After studying at Salamanca, his professional career was centred on two places in particular: Cartagena, where he came into contact with the group of Murcian writers under the critic Francisco de Cascales, and Puerto de Santa María (Cadiz), where he was friendly with the Conde de Niebla, the patron of Góngora and Espinosa, and the dedicatee of the *Polifemo* and Carrillo's own *Fábula de Acis y Galatea*. His other literary friends included Suárez de Figueroa and Quevedo, who contributed a Latin epitaph and a *canción* to the posthumous edition of his works (*Obras*, 1611; second edition, 1613). Carrillo's death at the age of 27 was a major loss to Spanish poetry; in Dámaso Alonso's words, "se nos presenta en su obra como un poeta excepcionalmente dotado, al que faltaba quizás un punto para la madurez". His *Fábula de Acis y Galatea*, though not as original as Góngora's version of the same myth in the *Polifemo*, is nevertheless a fine poem in its own right. Carrillo's shorter poems range from *romances* and *redondillas* which echo the manner of the early Góngora to sonnets of great complexity and emotional power. The sea imagery of many of these poems has the ring of personal experience, and the theme of absence recurs with a poignancy unequalled by any other poet of the time. Carrillo is also the author of the *Libro de la erudición poética*, the first manifesto of the *culterano* school, and an unrepentant apology for "difficult" poetry. *Poesías completas*, ed. D. Alonso, Madrid, 1936; *Libro de la erudición poética*, ed. M. Cardenal Iracheta, Madrid, 1946.

87
A LA CAZA DE UNAS GALEOTAS TURQUESCAS

    Con más oro el sol y galas
mostró su rubia madeja,
dándole el sereno mar
parabién de su belleza,
    y, apenas nuestros clarines,
viendo su frente serena,
con sus voces delicadas
le dijeron mil ternezas,
    cuando del garcés, alegre,
10 un marinero vocea:
"¡A la mar! ¡Bajel de remos!:
¡que nos descubre, que vuela!"
    Afirmólo un timonero
que desde la larga flecha
le ve bañar en el mar
la ligera palamenta.
    La nuestra, que aun no tocaba
serena las ondas crespas,
por no quebrar en espuma
20 al sol mil saladas perlas,
    hace de los remos alas,
y los espalderes muestran,
al son del cómitre y pito,
con su fuerza su destreza.
    Gime la mar, azotada,
y la recibida afrenta
remite con roncos ecos
a la tormenta primera.
    Con las alas del deseo
30 nuestro bajel presto vuela;
mas el miedo y libertad
las suyas al turco prestan.

Ya le entra nuestro bajel,
ya nuestra vista se entrega
en el buco colorado
y en la turquesada entena.

Sobre la larga crujía,
el golpe y la voz soberbia
del arráez a su chusma
40 trueno y rayo representa.

Vuelve a ganar lo perdido
y, fiada en su presteza,
poniendo al viento la proa,
gallardamente proeja.

Síguele la capitana
y ya en la popa turquesca
con el espolón escribe
su victoria y su sentencia.

Ya la embiste, ya la alcanza;
50 ya se escapa, ya nos deja.
Ya, de rendida, desmaya;
ya, de animosa, se aleja:

cuando un furioso Leveche
empezó en la mar exenta
a levantar con sus silbos
torres de cristal soberbias.

Salió más cual más sutil,
y aunque la nuestra hace fuerza,
nos niegan el viento y mar
60 lo que el general desea.

Llegó la noche, y su manto,
como encubridor de afrentas,
encubrió nuestra tardanza
y aprobó su ligereza.

Escurrimos, ya cansados,
lastimando las arenas
las áncoras, arrojadas
en la costa de Valencia.

88

A UNA AUSENCIA, PARTIÉNDOSE LAS GALERAS

Usurpa ufano ya el tirano viento
a las velas los senos extendidos.
¡Adiós, playas, ya os pierdo! ¡Adiós, erguidós
montes a quien venció mi pensamiento!

Ya es mar también el uno y otro asiento
en mis ojos, de lágrimas ceñidos,
por perderos—¡oh montes!—más perdidos:
tal pierdo, triste tal, así tal siento.

Ya esconde el ancho mar en sí, orgulloso,
10   las frentes de los cerros levantados,
en sus soberbias olas caudaloso.

Así divide ausencia mis cuidados;
mas no podrá jamás, ¡oh dueño hermoso!,
de ti mis pensamientos abrasados.

89

DE LOS PELIGROS DEL MAR Y LA PENA DE LOS CELOS

Lava el soberbio mar del sordo cielo
la ciega frente, cuando airado gime
agravios largos del bajel que oprime
—bien que ya roto—su enojado velo;

hiere, no sólo nubes, mas al suelo;
porque su brazo tema y imperio estime,
olas—no rayos—en su playa imprime:
tiembla otro Deucalión su igual recelo.

Envidia—cuando, fuerte y espantosa,
10   la mar la rota nave ya presenta
ya al cielo, ya a la arena de su seno—
al rústico el piloto vida exenta;
yo así en mis celos, libertad dichosa:
no cuando alegre, cuando en ellos peno.

90

A UN OLMO, CONSOLANDO SU MAL

Enojo un tiempo fue tu cuello alzado,
a la patria del Euro proceloso:
era tu verde tronco y cuello hojoso,
dosel al ancho Betis, sombra al prado.

Ya que la edad te humilla, derribado,
gimes del tiempo agravios; ya, lloroso,
tu ausencia llora el río caudaloso,
tu falta siente y llora el verde prado.

Envidia al alto cielo fue tu altura:
10 cual tú me abraza el suelo, derribado,
imagen tuya al fin, ¡oh tronco hermoso!

Tu mal llora del Betis la agua pura;
y quien llore mi mal nunca se ha hallado:
¡que aun en esto me falta el ser dichoso!

91

A LA VIRTUD QUE ALCANZA LO DIFICULTOSO

Este cetro que ves, ¡oh pecho ardiente
por oro o majestad!, de roble ha sido;
piel este imperio un tiempo lo ha vestido
que apenas viste ya el dorado Oriente.

Roble o acebo duro, a aquesta gente
cargó el hombro, que ultraja ya, en bruñido
acero, al claro sol recién nacido;
sombrero tosco, la dorada frente.

Virtud, osar, valor los ha encumbrado
10 a que beses su planta, blanca luna:
que fue de su virtud hija su suerte.

Hijos de un monte fueron, fue su cuna.
Mídete en ellos, pecho, pues te han dado
espejo en sí; y róbate a la muerte.

JUAN DE JÁUREGUI
(1583–1641)

JUAN MARTÍNEZ DE JÁUREGUI, poet, painter and critic, was born in Seville. After a visit to Rome, he settled in Madrid, where he married in the face of various difficulties which cost him a spell in prison (1611). During the later part of his life, Jáuregui became deeply involved in the polemic surrounding the major poems of Góngora. His *Antídoto contra las Soledades* and *Discurso poético* (1624) are the most intelligent and closely-argued of the contemporary attacks on *culteranismo*. The position they maintain is a subtle one, and did not prevent Jáuregui from making extensive use of *cultismos* in his *Orfeo* (1624), one of the most brilliant and successful of the seventeenth-century imitations of Ovid. His early poems (*Rimas*, 1618), written before the impact of Góngora, show him to have been an excellent minor poet in the Italianate manner, rather limited in range, but with a rhythmical sense and a feeling for classical sobriety, as in the two sonnets printed here. Jáuregui also wrote verse translations of Tasso's *Aminta* (1607) and the *Pharsalia* of Lucan (first published 1684), as well as a dramatic satire, *El retraído* (1635). *Biblioteca de autores españoles*, vol. 42, Madrid, 1923, pp. 104–32; the text of the *Orfeo* is contained in P. Cabañas, *El mito de Orfeo en la literatura española*, Madrid, 1948.

A UN NAVÍO DESTROZADO EN LA RIBERA DEL MAR

Este bajel inútil, seco y roto,
tan despreciado ya del agua y viento,
vio con desprecio el vasto movimiento

del proceloso mar, del Euro y Noto.
   Soberbio al golfo, humilde a su piloto,
y del rico metal siempre sediento,
trajo sus minas al ibero asiento,
habidas en el Índico remoto.
   Ausente yace de la selva cara,
10 do el verde ornato conservar pudiera,
mejor que pudo cargas de tesoro.
   Así quien sigue la codicia avara,
tal vez mezquino muere en extranjera
provincia, falto de consuelo y oro.

93
A LA EDAD DEL AÑO

   De verdes ramas y de frescas flores
vistió la tierra en su niñez infante
el virgen seno, y su vivaz semblante
ornó de mil guirnaldas de colores.
   Joven después, en plácidos amores
gozando al cielo su amador constante,
de las entrañas, como tierna amante,
de suspiros en vez, lanzó vapores.
   Mil frutos de sazón, el vientre abierto,
10 luego produjo al puro viento ufana,
bronca, pero, la faz mostrando y ruda.
   Hoy arrugado en su vejez el yerto
rostro la vemos, y de nieves cana:
todo la edad lo descompone y muda.

FRANCISCO DE RIOJA
(1583?–1659)

FRANCISCO DE RIOJA was born in Seville, of humble parents. He studied for the priesthood, and took minor orders in 1598. After completing a degree in theology at the University of Seville, he became known as a considerable scholar. (Lope de Vega refers to "el Licenciado Rioja, gran latino y griego".) The great friend of his youth was Gaspar de Guzmán, later Conde-Duque de Olivares, to whom a number of his poems are addressed. When Olivares came to power, Rioja left his chaplaincy in Seville and filled a number of positions of confidence in the household of his protector. He accompanied Olivares into exile at Loeches in 1643 and continued to defend him against the attacks of his enemies. After Olivares's death, Rioja returned to Seville, but was recalled to Madrid to serve as Librarian to Philip IV and as an adviser to the Inquisition. It seems likely that most of Rioja's poetry was written between 1607 and 1628. It shows most of the virtues of the Sevillian school—purity of diction, sensuous melancholy and an intense delight in natural objects. The extraordinary sensitivity of his *silvas* on flowers has been justly praised. As Alberto Sánchez has written: "el mérito indiscutible de Rioja está en sobreponerse a la preocupación moral y ejemplar de su poesía, producto de una época, y dar sobre el fondo filosófico una grata visión de jardín, húmedo y perfumado". The vocabulary and imagery of his sonnets owe something to Herrera, though his landscapes are more finely observed, and the stoic gravity of his best poems gives the impression of having been learned from experience. *Poesías*, ed. C. A. de la Barrera, Madrid, 1867; *Biblioteca de autores españoles*, vol. 32, Madrid, 1921, pp. 375–89; *Poesía sevillana en la edad de oro*, ed. A. Sánchez, Madrid, 1948.

94

Aunque pisaras, Filis, la sedienta
arena que en la Libia Apolo enciende,
sintieras, ¡ay!, que el Aquilón me ofende,
y del hielo y rigor la pluvia lenta.
 Oye con qué ruido la violenta
furia del viento en el jardín se extiende
y que apena aun la puerta se defiende
del soplo que en mi daño se acrecienta.
 Pon la soberbia, ¡oh Filis! y blandos ojos
10 muestra, pues ves en lágrimas bañado
el umbral que adorné de blanda rosa:
 que no siempre tu ceño y tus enojos
podré sufrir, ni el mustio invierno helado,
ni de Bóreas la saña impetuosa.

95

En vano del incendio que te infama
eternidad presumes, aunque extienda
su fuerza más, y el pecho tuyo encienda;
que fin breve y veloz tiene quien ama.
 Si furioso y violento se derrama
por tus venas en áspera contienda,
por más que el rojo humor se le defienda,
pasto será de su ambiciosa llama.
 No temas, pues, del inconstante y ciego
10 vulgo ser habla un poco, que alterado,
súbito como el mar su furia deja.
 Que si soberbio ardor así te aqueja,
serás en breve al no sonante fuego
en humo y en cenizas desatado.

96

¿Cómo será de vuestro sacro aliento
depósito, Señor, el barro mío?
Llama a polvo fiar mojado y frío
fue dar leve ceniza en guarda al viento.
 ¿Qué superior, qué puro movimiento
habrá en ardor, a quien el peso impío
de esta tierra mortal apaga el brío
y los esfuerzos a su ilustre asiento?
 Piedad este encendido soplo aguarda
10 que en mí se halla duramente atado
mientras el postrer desmayo se difiere:
 mas si entre tanta oposición dejado
fuere de Vos, mi eterno fin no tarda,
que un breve fuego, aun sin contrarios, muere.

97

En mi prisión y en mi profunda pena
sólo el llanto me hace compañía
y el horrendo metal que noche y día
en torno al pie molestamente suena.
 No vine a este rigor por culpa ajena,
yo dejé el ocio y paz en qué vivía,
y corrí al mal, corrí a la llama mía,
y muero ardiendo en áspera cadena.
 Así del manso mar en la llanura
10 levantando la frente onda lozana
la tierra, al agua en que nació, prefiere.
 Mueve su pompa a la ribera, ufana,
y cuanto más sus cercos apresura,
rota más presto en las arenas muere.

98
A LA ROSA

Pura, encendida rosa,
émula de la llama
que sale con el día,
¿cómo naces tan llena de alegría
si sabes que la edad que te da el cielo
es apenas un breve y veloz vuelo?
Y ni valdrán las puntas de tu rama,
ni púrpura hermosa
a detener un punto
10 la ejecución del hado presurosa.
El mismo cerco alado
que estoy viendo riente,
ya temo amortiguado,
presto despojo de la llama ardiente.
Para las hojas de tu crespo seno
te dio Amor de sus alas blandas plumas,
y oro de su cabello dio a tu frente.
¡Oh fiel imagen suya peregrina!
Bañóte en su color sangre divina
20 de la deidad que dieron las espumas.
¿Y esto, purpúrea flor, esto no pudo
hacer menos violento el rayo agudo?
Róbate en una hora,
róbate licencioso su ardimiento
el color y el aliento:
tiendes aún no las alas abrasadas
y ya vuelan al suelo desmayadas:
tan cerca, tan unida
está al morir tu vida,
que dudo si en sus lágrimas la aurora
mustia tu nacimiento o muerte llora.

ANDRÉS FERNÁNDEZ DE ANDRADA
(dates unknown)

THE *Epístola moral a Fabio*, whose authorship long remained in doubt, is now known to be the work of an otherwise forgotten poet of Seville, Andrés Fernández de Andrada. Only one other fragmentary poem of Andrada's has survived; he was apparently a friend of Francisco de Rioja, and was almost certainly familiar with the poetry of Medrano. The *Epístola*, probably composed between 1610 and 1612, is a striking example of the Horatian verse-epistle, a form previously cultivated by Boscán, Garcilaso and Aldana, and which continued to attract a number of eighteenth-century writers, notably Jovellanos. Stylistically, the poem is remarkably direct and free from rhetorical devices; it moves easily through the commonplaces of the Stoic tradition, with an occasional heightening of imagery. The overall effect is dignified, though rarely moving; rejection of worldly values is not accompanied by any real urge to self-scrutiny, and the poem as a whole suffers from a lack of metaphysical depth. As Luis Cernuda has written: "Hay en el poeta de la *Epístola moral a Fabio* un cansancio vital evidente, evidente aun descontando cierta afectada languidez hedonista, ya sea cansancio particular suyo, ya contagio de uno disuelto por la atmósfera".

99
EPÍSTOLA MORAL A FABIO

Fabio, las esperanzas cortesanas
prisiones son do el ambicioso muere,
y donde al más activo nacen canas;

    el que no las limare o rompiere,
ni el nombre de varón ha merecido,
ni subir al honor que pretendiere.
    El ánimo plebeyo y abatido
procura, en sus intentos temeroso,
antes estar suspenso que caído;
10   que el corazón entero y generoso,
al caso adverso inclinará la frente,
antes que la rodilla al poderoso.
    Más coronas, más triunfos dio al prudente
que supo retirarse, la Fortuna,
que al que esperó obstinada y locamente.
    Esta invasión terrible e importuna
de contrarios sucesos nos espera
desde el primer sollozo de la cuna:
    dejémosle pasar, como a la fiera
20   corriente del gran Betis, cuando airado
dilata hasta los montes la ribera.
    Aquel entre los héroes es contado
que el premio mereció, no quien le alcanza
por vanas consecuencias del estado.
    Peculio proprio es ya de la privanza
cuanto de Astrea fue, cuanto regía
con su temida espada y su balanza.
    El oro, la maldad, la tiranía
del inicuo, precede y pasa al bueno:
30   ¿qué espera la virtud o qué confía?
    Vente, y reposa en el materno seno
de la antigua Romúlea, cuyo clima
te será más humano y más sereno;
    adonde, por lo menos, cuando oprima
nuestro cuerpo la tierra, dirá alguno:
"¡Blanda le sea!", al derramarla encima;
    donde no dejarás la mesa ayuno
cuando en ella te falte el pece raro,
o cuando su pavón nos niegue Juno.

40　　Busca, pues, el sosiego dulce y caro,
como, en la oscura noche del Egeo,
busca el piloto el eminente faro;

　　que, si acortas y ciñes tu deseo,
dirás: "Lo que desprecio he conseguido",
que la opinión vulgar es devaneo.

　　Más quiere el ruiseñor su pobre nido
de pluma y leves pajas, más sus quejas,
en el monte repuesto y escondido,

　　que agradar lisonjero las orejas
50　de algún príncipe insigne, aprisionado
en el metal de las doradas rejas.

　　¡Triste de aquel que vive destinado
a esa antigua colonia de los vicios,
augur de los semblantes del privado!

　　Cese el ansia y la sed de los oficios,
que acepta el don y burla del intento
el ídolo, a quien haces sacrificios.

　　Iguala con la vida el pensamiento,
y no le pasarás de hoy a mañana,
60　ni aun quizá de un momento a otro momento.

　　Apenas tienes ni una sombra vana
de nuestra antigua Itálica, y ¿esperas?
¡Oh error perpetuo de la vida humana!

　　Las enseñas grecianas, las banderas
del senado y romana monarquía
murieron y pasaron sus carreras.

　　¿Qué es nuestra vida más que un breve día,
do apenas sale el sol, cuando se pierde
en las tinieblas de la noche fría?

70　　¿Qué más que el heno, a la mañana verde,
seco a la tarde? ¡Oh ciego desvarío!
¿Será que de este sueño se recuerde?

　　¿Será que pueda ser que me desvío
de la vida viviendo, y que esté unida
la cauta muerte al simple vivir mío?

Como los ríos que en veloz corrida
se llevan a la mar, tal soy llevado
al último suspiro de mi vida.

De la pasada edad, ¿qué me ha quedado?
80 ¿O qué tengo yo a dicha en la que espero,
sino alguna noticia de mi hado?

¡Oh si acabase, viendo como muero,
de aprender a morir, antes que llegue
aquel forzoso término postrero;

antes que aquesta mies inútil siegue
de la severa muerte dura mano,
y a la común materia se la entregue!

Pasáronse las flores del verano,
el otoño pasó con sus racimos,
90 pasó el invierno con sus nieves cano;

las hojas que en las altas selvas vimos
cayeron, ¡y nosotros a porfía
en nuestro engaño inmóviles vivimos!

Temamos al Señor que nos envía
las espigas del año y la hartura,
y la temprana pluvia y la tardía.

No imitemos la tierra siempre dura
a las aguas del cielo y al arado,
ni la vid cuyo fruto no madura.

100 ¿Piensas acaso tú que fue criado
el varón para el rayo de la guerra,
para sulcar el piélago salado,

para medir el orbe de la tierra
o el cerco por do el sol siempre camina?
¡Oh, quien así lo piensa, cuánto yerra!

Esta nuestra porción, alta y divina,
a mayores acciones es llamada
y en más nobles objetos se termina.

Así aquella que al hombre sólo es dada,
110 sacra razón y pura, me despierta,
de esplendor y de rayos coronada;

y en la fría región dura y desierta
de aqueste pecho enciende nueva llama,
y la luz vuelve a arder que estaba muerta.
   Quiero, Fabio, seguir a quien me llama,
y callado pasar entre la gente,
que no afecto los nombres ni la fama.
   El soberbio tirano del Oriente
que maciza las torres de cien codos
120 de cándido metal puro y luciente,
   apenas puede ya comprar los modos
del pecar; la virtud es más barata;
ella consigo misma ruega a todos.
   ¡Mísero aquel que corre y se dilata
por cuantos son los climas y los mares,
perseguidor del oro y de la plata!
   Un ángulo me basta entre mis lares,
un libro y un amigo, un sueño breve,
que no perturben deudas ni pesares.
130   Esto tan solamente es cuanto debe
naturaleza al parco y al discreto,
y algún manjar común, honesto y leve.
   No, porque así te escribo, hagas conceto
que pongo la virtud en ejercicio;
que aun esto fue difícil a Epiteto.
   Basta, al que empieza, aborrecer el vicio,
y el ánimo enseñar a ser modesto;
después le será el cielo más propicio.
   Despreciar el deleite no es supuesto
140 de sólida virtud; que aun el vicioso
en sí proprio le nota de molesto.
   Mas no podrás negarme cuán forzoso
este camino sea al alto asiento,
morada de la paz y del reposo.
   No sazona la fruta en un momento
aquella inteligencia que mensura
la duración de todo a su talento.

Flor la vimos ayer hermosa y pura,
luego materia acerba y desabrida,
150 y sabrosa después, dulce y madura;
    tal la humana prudencia es bien que mida
y compase y dispense las acciones
que han de ser compañeras de la vida.

    No quiera Dios que siga los varones
que moran nuestras plazas macilentos,
de la virtud infames histrïones;
    estos inmundos trágicos, atentos
al aplauso común, cuyas entrañas
son oscuros e infaustos monumentos.

160   ¡Cuán callada que pasa las montañas
el aura, respirando mansamente!
¡Qué gárrula y sonora por las cañas!
    ¡Qué muda la virtud por el prudente!
¡Qué redundante y llena de rüido
por el vano, ambicioso y aparente!

    Quiero imitar al pueblo en el vestido,
en las costumbres sólo a los mejores,
sin presumir de roto y mal ceñido.
    No resplandezca el oro y las colores
170 en nuestro traje, ni tampoco sea
igual al de los dóricos cantores.

    Una mediana vida yo posea,
un estilo común y moderado,
que no le note nadie que le vea.
    En el plebeyo barro mal tostado
hubo ya quien bebió tan ambicioso
como en el vaso Múrino preciado;
    y alguno tan ilustre y generoso
que usó, como si fuera vil gaveta,
180 del cristal transparente y luminoso.

    Sin la templanza ¿viste tú perfeta
alguna cosa? ¡Oh muerte!, ven callada,
como sueles venir en la saeta;

no en la tonante máquina preñada
de fuego y de rumor; que no es mi puerta
de doblados metales fabricada.

Así, Fabio, me enseña descubierta
su esencia la verdad, y mi albedrío
con ella se compone y se concierta.

190 No te burles de ver cuánto confío,
ni al arte de decir, vana y pomposa,
el ardor atribuyas de este brío.

¿Es por ventura menos poderosa
que el vicio la virtud? ¿O menos fuerte?
No le arguyas de flaca y temerosa.

La codicia en las manos de la suerte
se arroja al mar, la ira a las espadas,
y la ambición se ríe de la muerte.

Y ¿no serán siquiera tan osadas
200 las opuestas acciones, si las miro
de más nobles objetos ayudadas?

Ya, dulce amigo, huyo y me retiro;
de cuanto simple amé rompí los lazos;
ven y verás al grande fin que aspiro,
antes que el tiempo muera en nuestros brazos.

ADRIÁN DE PRADO
(*fl. c.* 1620)

NOTHING is known of Adrián de Prado, except that he was a member of the Order of the Hieronymites. His *Canción a San Jerónimo*, first published in Seville in 1619, is one of the most extraordinary descriptive poems of the seventeenth century. As Blecua has written: "Lo específico de la canción, su extraña y potente originalidad reside ... en el inusitado empleo de una serie de recursos estilísticos, que dan por resultado el logro de imágenes raras y completamente exóticas en nuestra poesía barroca. El paisaje yermo y pelado se acentúa mucho más por el violento recurso de trasladar imágenes y representaciones del mundo orgánico, humano, al inorgánico. Recurso cuyo empleo no conozco realizado con tanta habilidad como en Adrián de Prado." The same mastery of pictorial effect appears in a second *canción*, unfortunately incomplete, published for the first time by Blecua in his edition of the *Cancionero de 1628, Revista de Filología Española*, anejo 32, Madrid, 1945, pp. 29–35. The text of the *Canción a San Jerónimo* is contained in the same volume, pp. 207–219.

100

CANCIÓN REAL A SAN JERÓNIMO EN SIRIA

En la desierta Siria destemplada,
cuyos montes preñados de animales
llegan con la cabeza a las estrellas;
tierra de pardos riscos empedrada,
de cuyos avarientos pedernales
la cólera del sol saca centellas;

donde las flores bellas
nunca su pie enterraron
ni su algalia sembraron,
10 y adonde tiene siempre puesto el cielo
su pabellón azul de terciopelo,
y cuyas piedras nunca se mojaron,
porque de aquí jamás preñada nube
a convertirse en agua al cielo sube.
   Aquí sólo se ven rajadas peñas
de cuyo vientre estéril por un lado
nace trepando el mísero quejigo.
Tienen aquí las próvidas cigüeñas
el tosco y pobre nido fabricado,
20 de los caducos padres dulce abrigo.
Nunca el dorado trigo
halló aquí sepultura,
porque esta tierra dura
no ha sentido jamás sobre su frente
lengua de azada ni de arado diente,
ni golpe de la sabia arquitectura,
sino sólo del cielo los rigores,
fuego de rayos y del sol calores.
   Están aquí los pálidos peñascos
30 sustentando mil nidos de halcones
en sus calvas y tórridas cabezas,
y en la rotura que dejó en sus cascos
el rayo con su bala y perdigones,
por hilas mete el sol salamanquesas;
y armada de cortezas,
por la misma herida,
sale a buscar la vida
una encina tenaz sin flor ni hoja,
y, saliendo, en los brazos se le arroja
40 una inútil higuera mal vestida,
a quien tienen del tiempo los sucesos,
desnuda, pobre, enferma y en los huesos.

Hay en aqueste yermo piedra rubia
que jamás la cabeza se ha mojado,
ni su frente adornó bella guirnalda;
antes, para pedir al cielo pluvia,
tiene, desde que Dios cuerpo le ha dado,
la boca abierta en medio de la espalda;
y de color de gualda,
50   por entre sus dos labios,
a padecer agravios
del rubio sol y de su ardiente estoque,
sale en lugar de lengua un alcornoque,
cuyos pies corvos como pobres sabios,
porque a los cielos pida agua la roca,
no le dejan jamás cerrar la boca.
   Entre aquestos peñascos perezosos
levanta la cabeza encenizada
la cerviz recia de un pelado risco,
60   de cuyos hombros toscos y nudosos
pende la espalda hidrópica y tostada
con dos costillas secas de un lentisco;
y del pecho arenisco
dos hiedras amarillas,
también como costillas,
que por entre los músculos y huecos
van paseando aquellos miembros secos,
pintando venas hasta las mejillas,
las cuales con su máscara de piedra
70   pasar no dejan la asombrada hiedra.
   Tiene roturas mil este peñasco,
y en ella la tarántola pintada
labra aposento con su débil hebra,
y el áspid, con su ropa de damasco,
asoma la cabeza jaspeada
por entre las dos rejas de otra quiebra.
Aquí la vil culebra,
del lagarto engullida,

>   por escapar la vida,
> 80   pretende sacar chispas con la cola
>   del pedernal rebelde, que arrebola
>   con la sangre que sale de su herida,
>   y finalmente muere y deja harto
>   el tenaz diente del voraz lagarto.
>   Viénese por un lado deslizando
>   un cobarde escuadrón de lagartijas,
>   tras el cual una víbora desciende,
>   y con la mayor de ellas encontrando
>   entre las muelas tardas y prolijas
> 90   muerde sus carnes y sus huesos hiende.
>   Déjala muerta y tiende
>   el paso hacia delante,
>   y en aquel mismo instante
>   al cadáver se llega el tosco grajo,
>   la verde avispa y negro escarabajo,
>   y entre todos le comen sin trinchante,
>   dejando solamente hueso y nervio,
>   para que lleve al nido el sagaz cuervo.
>   Veréis también aquí de las hormigas
> 100 el etíope ejército ordenado
>   ir a buscar el mísero sustento,
>   y no topando auríferas espigas
>   vuelve con una arista que ha encontrado
>   una de ellas cargada al aposento.
>   Otra, con paso lento,
>   arrastrando ha traído
>   un caracol torcido;
>   trae una a cuestas una seca hoja
>   y otra tirando della atrás se enoja.
> 110 Y otras llevan una pluma al nido,
>   y si dos riñen sobre un grano verde,
>   la que más puede a esotra arrastra y muerde.
>   Por el un lado de las dos dobleces
>   se fabrica una escura y gruesa ruga,

ADRIÁN DE PRADO (fl. c. 1620)

dentro la cual veréis centelleando
del buho montaraz los verdes ojos,
cuyo humor cristalino el sol no enjuga,
y sobre una verruga,
que de jaspe morisco
120 tiene en la frente el risco,
veréis la veloz águila sentada,
en comer un cernícalo ocupada,
y abajo en otra quiebra un basilisco,
y en otras mil roturas y rincones
osos, grifos, serpientes y leones,
 En el redondo vientre desta peña
labró naturaleza toscamente
un aposento helado, claro, enjuto,
por una parte de color de alheña,
130 por otra parte azul y transparente,
propria morada de algún fauno o bruto:
tiene de intenso luto,
que tiñe pedernales
cerca de los umbrales,
dos remiendos que el cielo los pespunta,
y otros de una mezclilla do se junta
la esmeralda y zafir con los corales,
la cual librea luego que amanece
con pasamanos de oro el sol guarnece.
140   A la pequeña boca desta cueva,
echan un melancólico ribete
los espinosos brazos de una zarza,
la cual a cuestas por el risco lleva
la carga de sus crines y copete,
hecho de seda pálida cadarza,
y para que se esparza
el esmalte y follajes
y las puntas y encajes
de que lleva vestida con mil lazos
150 la multitud confusa de sus brazos,

y entre otros va poniendo sus plumajes,
cuyas moras allí reciben luego
el baptismo que el sol les da de fuego.

   En esta cueva, pues, y en este yermo
el cardenal Jerónimo se oculta,
porque a Dios descubrir su pecho quiere,
y para vivir siempre, el cuerpo enfermo
en esta helada bóveda sepulta,
que quien se entierra vivo nunca muere.
160 Pensará quien le viere,
en aquel sitio bronco,
que es algún seco tronco,
que su flaqueza y penitencia es tanta,
que apenas le concede la garganta
sacar la inútil voz del pecho ronco;
porque con llanto y lágrimas veloces
negocia con su Dios, más que con voces.

   Del edificio de su cuerpo bello
solamente le queda la madera
170 con la media naranja que le cubre.
Sobre los huecos de su débil cuello
la calva y titubeante calavera,
que la piel flaca y arrugada encubre;
la cual sólo descubre
las enjutas mejillas
y las frescas canillas
de la vellosa pierna y flaco brazo,
el nudoso y decrépito espinazo,
y el escuadrón desnudo de costillas,
180 las quijadas, artejos y pulmones,
de aquellos pedernales eslabones.

   Desta hendida barba mal peinada
caen sobre el pecho lleno de roturas
las plateadas canas reverendas,
y vense por la piel parda y tostada
de los huesos los poros y junturas,

y de las venas las confusas sendas.
Vense a modo de riendas
los nervios importantes,
190 unidos y distantes,
ceñir los miembros de su cuerpo todo,
y desde la muñeca hasta el codo
los que ciñen el brazo tan tirantes,
que con ellos la mano apenas medra,
porque aprietan sus dedos una piedra.
   Tiene el dotor divino alta estatura,
el color entre pardo y macilento,
delgado el cuello, grande la cabeza,
ceñido un breve lienzo a la cintura,
200 blanco y listado, pero ya sangriento,
a costa de sus venas y aspereza.
Los ojos, de flaqueza,
en el casco metidos,
turbios y consumidos,
de color verde y claro, como acanto,
pero ya hechos corriente con el llanto;
cuadrados dientes, anchos y bruñidos,
delgados labios, boca bien cortada,
y la nariz enjuta y afilada.
210   La calva circular, grande y lustrosa,
tiene por orla de pequeñas canas
a las espaldas una media luna,
y la frente quebrada y espaciosa,
sobre las cejas fértiles y ancianas,
tres arrugas quebradas una a una.
Y la frágil columna
de cuello seca y monda
descubre cómo es honda;
del cañón del sustento los anillos
220 desiguales, distintos y amarillos,
y de la nuez la cáscara redonda.
Y vense luego de los dos costados

las claves de los huesos desarmados.
  Una rotura abrió naturaleza
en la cueva, por donde mete un brazo
una jara que fuera nace y crece.
Aqueste palo dentro se endereza,
el cual, atravesando otro pedazo,
hace una cruz que de ébano parece.
230 La cual, cuando amanece,
entra a besar postrado
el rubio sol dorado
por la mesma rotura, boca o poro.
En la cual cruz está con clavos de oro
un Cristo de metal, crucificado,
que, a dejar de ser bronce y no estar muerto,
no sufriera el rigor de aquel desierto.
  Tiene este crucifijo por calvario
el roto casco de una calavera
240 que cuelga de la cruz con un vencejo,
en cuya frente de este relicario
tiene éste engastado: "Soy lo que no era
y serás lo que soy, mísero viejo."
Debajo deste espejo,
en la tierra caído,
tiene un bordón torcido,
un libro y los antojos en su caja;
y sobre un risco que la piedra ataja
arrojado el capelo y el vestido,
250 que solamente a un risco se concede
sustentar un capelo, y aun no puede.
  Delante desta antigua imagen, tiene
el prelado ilustrísimo clavadas
en la tierra, en dos hoyos, las rodillas;
la cual postura tanto le entretiene,
que están las losas por allí gastadas
del continuo ejercicio de herillas.
Aquí se hace astillas

      con un mellado canto
260 el pecho, hasta que tanto
      precipite su sangre mil arroyos
      a llenar a la tierra los dos hoyos
      que le ha hecho en la cara el viejo santo.
      El cual así le dice a cada instante
      a su crucificado y tierno amante:
         "Señor, si tuve como piedra el pecho,
      con esta piedra ya, sin darle alivio,
      carne lo hago por sacar más medra,
      y si en la piedra yo señal no he hecho
270 con lágrimas y llanto, como tibio,
      basta que haga en mí señal la piedra.
      Ya veis que no se arredra,
      de mi espalda mezquina,
      la dura disciplina
      y estrecha cota de un cilicio tosco,
      y que en aqueste yermo no conozco
      sino el sustento que me da una encina
      por piedras que le tira el brazo anciano,
      por tener siempre piedras en la mano.
280   Bien veis que bebo de agua turbia al día
      lo que aquesta pequeña y triste concha
      saca del vientre vil de una laguna,
      y que no tengo aquí por compañía
      sino del cielo la veloz antorcha
      y la cara inconstante de la Luna.
      Esta vida importuna
      me tiene como un leño,
      no me conoce el sueño,
      ni quiero sino sólo el de la muerte.
290 Del cual haced, Señor, que yo despierte
      a gozaros sin fin, porque si dueño
      no me hacéis de las célicas moradas,
      el cielo he de pediros a pedradas."
         Acaba ya, canción. Lo dicho baste,

que como te criaste
entre peñas y riscos y aspereza
es tal tu poquedad y tu rudeza,
que al santo mío, que alabar pretendes,
cuando le ensalzas pienso que le ofendes.

PEDRO SOTO DE ROJAS
(1584–1658)

PEDRO SOTO DE ROJAS was born in Granada, where he spent most of his life. He studied theology at the University of Granada, and in 1616 became a canon in the College of San Salvador. His first poems date from 1608; for a number of years he made frequent trips to Madrid, where he was a member of the *Academia selvaje* and a friend of Lope de Vega and Góngora. In 1631, he retired from active life and spent his remaining years at his home in the Albaicín, where he constructed the elaborate formal garden which is described in *Paraíso cerrado para muchos, jardines abiertos para pocos* (1652). Soto is the most talented of the Granada school of poets. His work falls into two phases: the early poems collected in *Desengaño de amor en rimas* (1623) show, in Gallego Morell's phrase, "un Soto tierno, garcilasiano, de égloga, soneto y madrigal"; the later poems, however, are written under the influence of Góngora's *Polifemo* and *Soledades*. Soto's very distinctive gift lies in his highly-developed pictorial sense and in his taste for the miniature and artificial. His mythological fable, the *Adonis* (published 1652, but written much earlier) contains brilliant passages of description; his most original achievement, however, is the *Paraíso cerrado para muchos*..., a poetic meditation on a garden which itself was conceived as a poem and an object of contemplation. No other seventeenth-century poem justifies the *culterano* manner in quite this way; as Orozco Díaz has written: "Soto ... se ofrece aún más radicalmente culterano que el propio Góngora; porque lo característico del granadino es que inflexiblemente se mantiene como poeta culto, sin hacer concesiones a la musa popular o tradicional". *Obras*, ed. A. Gallego Morell, Consejo Superior de Investigaciones Científicas, Madrid, 1950.

101

AL ALMA CIEGA

    Ya de otra más que de ti propia amante,
alma, se ve tu candidez impura:
ya do te lleva con antorcha escura
muerte en forma de amor vas ignorante:
    la viva luz que imita al sol constante
tienes opresa en móvil sepultura;
¡ay! ¡la joya que pierde tu locura
por seguir de un placer falso semblante!
    Abre los ojos ya, si amor dispensa,
10 y por su ser en pequeñez medida,
verás cual es en la grandeza inmensa:
    vuelve al tierno dolor de tanta herida,
que si duplicas la que mata ofensa,
la que pretendes disminuyes vida.

102

AL SUEÑO

    ¿Por qué, di, de mis ojos, sueño blando,
los desvelados párpados no pegas?
¿Por qué a mis miembros tus licores niegas,
si por el mundo los estás regando?
    De mí, porque te invoco, vas volando;
¿y a quien menos te busca, más te llegas?
Bien claro el arte de tus obras ciegas
con castigo cruel me vas mostrando.
    Si oscuridad procuras, ¿qué tiniebla
10 como mis ojos? Si el silencio estrecho,
su imagen son (sin dedo) mis dos labios.
    Llega, que alcázar te dará mi pecho,
gruta será mi herida, mi amor niebla,
mi llanto humor, ministros mis agravios.

103

AVISO

¿Dónde, di, caminante, vas perdido,
tras la posta veloz de tu pecado,
del apetito tu ofensor cargado,
calzado muerte, corrupción vestido?
 ¿Dónde, arroyuelo, corres tan crecido?
¿Dónde vas, torbellino, tan hinchado?
Al centro amargo vas precipitado:
a deshacerte al fin constitüido.
 Deten, reprime el paso, vuelve, y mira
10 lo que te espera al fin de la jornada;
pues caminas sin luz, teme, suspira.
 Teme, pues eres carne, ardiente espada;
teme, pues tú la incitas, justa ira;
teme, pues rompes ley, sentencia dada.

104

A FÉNIX EN GENERALIFE: AUSENCIA

 Fénix, ausente hermosa,
ejemplo dulce del clavel lozano,
firme enseñanza de la fresca rosa:
este que os sacrifico llanto tierno,
recebilde primicia de mi mano,
cosecha pobre del pesado invierno,
que, ausente el sol, cesó el verano.
Llegue pues, suba la elevada cumbre
dorada en vuestra lumbre,
10 que tras tinieblas tantas
a vuestras aras besará las plantas,
y sobre la eminente pesadumbre,
reina de tanta vega,
que si en ella la vista se despliega

y no la cogen vuestros claros ojos,
a sí misma se niega,
aquestos tiernos rendirá despojos,
regalo al alma, tiros al sentido.
Quien dice que la ausencia causa olvido
20 no conoce la gloria
que constituye amor en la memoria
del alma a quien se entrega.
¿Podrá olvidar su llaga un corzo herido,
aunque veloz desprecie en ligereza
al viento siempre alado,
aunque distancia ponga,
inmensa su fatiga,
entre el acero que dejó manchado
y el pecho lastimado?
30 Pues herida de amor tan penetrante
que dio a mi corazón vuestra belleza
(no es mucho al alma siga),
¿cómo podrá olvidarla mi terneza,
si a más sentir me obliga?
Aunque ausencia interponga
pesados montes y elevadas sierras,
la herida una vez hecha,
poco importa que diste de la flecha,
siempre y en toda parte será herida.
40 ¿Veis la llama colérica encendida
con término elegante,
por pino antiguo discurrir volante,
hasta que deja el material difunto?
¿Veis que si eterno como anciano fuera,
sin dividirse punto,
permanente la llama consistiera?
Pues en mi amante pecho
dos fuegos introducen vuestras guerras:
uno será con el vivir deshecho,
50 que asido vive al corazón cansado;

otro que está en el alma colocado,
evo será de duración ardiente,
si no encendido más, más elevado.
¿Veis en aquesas vegas espaciosas
el árbol trasplantado,
floreciente imitando vuestras rosas,
como aunque el sitio mude,
copiosamente a dar su fruto acude?
Fruto es de aqueste combatido tronco,
60 del cierzo desta ausencia,
daros amor, rendiros la memoria.
Así lo dice el instrumento ronco,
así lo dice el canto,
así los ojos tristes,
que derramando regocijos vistes
en la más dulce parte de mi historia:
guióme a tanto mal, y al triste llanto
presente en que me anego.
Si no en poblado aquel valiente ciego,
70 en el camino una cobarde fiera,
¿quién tal de mí creyera?:
robóme la mitad del alma mía.
¡Oh necia! ¿Cómo a los que amor unía
divides tan severa?
¿Qué se puede? Vivamos apartados,
amada Fénix, mía en esperanza
de que podrán los hados
darnos a manos llenas la venganza.

JOÃO PINTO DELGADO
(*c.* 1585–*post* 1633)

JOÃO PINTO DELGADO came from a family of Portuguese *converso* Jews, living in the Algarve. He was probably born in the mid-1580's and as a young man settled for a time in Lisbon, where he was living in 1616. Pinto Delgado probably never set foot in Spain; his family had previously emigrated, first to Flanders and later to Rouen, where he joined them sometime before 1627. Rouen at the time had one of the most important Jewish communities in France; Pinto Delgado seems for some years to have been its intellectual and spiritual leader, and his most important poems have a clearly didactic purpose. In 1633, under threat of persecution from the French Crown, the Delgado family left Rouen for Antwerp, and finally established themselves in Amsterdam, where Pinto probably died. Though earlier poems have survived in both Portuguese and Castilian, the bulk of his verse is contained in a single volume, *Poema de la Reina Ester, Lamentaciones del Profeta Jeremías, Historia de Rut y varias poesías* (Rouen, 1627). Pinto Delgado is the finest of the Hispano-Jewish poets of the seventeenth century. His most important work consists of the three long poems just mentioned, each directly derived from parts of the Old Testament. The originality of these poems comes partly from their combination of Christian and rabbinical sources, and partly from the attempt to write a type of poetry acceptable to contemporary taste. Pinto had clearly learnt from the Góngora of the *Soledades*, and his work contains echoes of other poets from Jorge Manrique to Herrera. Though on the whole his descriptive style is more effective than his narrative, his best work shows a unique blend of intellectual vigour and lyrical sensitivity. The poem I have chosen forms a section of the *Lamentaciones*,

JOÃO PINTO DELGADO (c. 1585–post 1633)

arguably his best work, and one in which the absence of a narrative model gives fuller scope to his meditative powers. *Poema de la Reina Ester* ... etc., ed. I. S. Révah, Lisbon, 1954.

105

> Descubrió como huerto su cabaña;
> dañó sus fortalezas. Hizo olvidar el
> Señor en Sión plazo y sábado, y
> aborreció en ira de su furor al Rey
> y al Sacerdote. (*Lamentaciones*, II, 6)

Cual huerto que, de mil flores,
con artificio la mano
plantó de varias colores
que no las secó verano,
ni el hielo con sus rigores.

Allí los frutos se miran
cuando las hojas defienden
al sol su luz, que retiran;
ellos la vista suspenden
10 y ellas flagrancia respiran.

El siempre verde amaranto
aviva allí su color;
vese inclinado el acanto
y la violeta que tanto
se adorna con su palor.

El lirio blanco y celeste,
riendo de que el rocío,
llorando, se manifieste,
al aire pide su brío
20 porque sus alas le preste.

Allí, de aparencia hermosa
y de las flores princesa,
armada asiste la rosa
que enseña a guardar, curiosa,
con la virtud la belleza.

La granada abre el coral
que por mostrarse revienta
y en su corona real
la fe de un Rey representa
30 en su vasallo leal.
    La manzana en quien, al vivo,
la roja color se altera
y dentro el humor nocivo,
al hombre imita que, altivo,
le mata su primavera.
    El racimo que, colgado,
la caña suave imita,
cuyo licor moderado
alegra y sobrado quita
40 con la razón el cuidado.
    El agua, que el nacimiento
de alto principio recibe,
deleita en su movimiento
y para el vuelo apercibe
sus alas al pensamiento.
    Este, pues, donde asistía
el gusto, casi inmortal,
que por su trono escogía,
perdiendo su monarquía,
50 llora en silencio su mal.
    Seca el sol, abrasa el hielo
cuanto, benino, criara
en sus influjos el cielo;
que el aire le desampara
y no le alimenta el suelo.
    Su fuerza se debilita,
lo más tejido se rompe,
su vida el fruto limita
y el aire, que se corrompe,
60 las verdes hojas marchita.
    Así el divino poder,

que el huerto santo ordenó
con soberano saber,
las flores, que en él plantó,
eran de eterno placer.

    Viendo del hombre el engaño
y cómo, ingrato, olvidara
en su delicia su daño,
quien le deja o quien le ampara
70 le muestra en el desengaño.

    El interior escondido
al gran furor se descubre
del enemigo atrevido;
la fiesta y sabat se encubre
entre las nieblas de olvido.

    Mirando miseria tanta,
entre prisiones, el Rey,
su vista al cielo levanta:
si más le obliga la ley,
80 más en la pena se espanta.

    Ya su corona se humilla,
su cetro pierde el valor
y, errando, se maravilla
que le castigue el Señor
que no perdona a su silla.

    Si por oculto misterio
quiere que en ella se note
con el castigo su imperio,
el Rey llore el cautiverio,
90 su mal llore el sacerdote.

ANTONIO HURTADO DE MENDOZA
(1586?–1644)

ANTONIO HURTADO DE MENDOZA was born at Castro Urdiales. Little is known of his early career. He went to Madrid as a young man and entered the service of the Conde de Saldaña, son of the Duque de Lerma. His *comedia, Querer por sólo querer,* was first performed at Aranjuez in 1622 as part of the King's birthday festivities; in the same year he was appointed secretary and gentleman-in-waiting to Philip IV and was made a Knight of the Order of Calatrava, with the title of Comendador de Zurita. In 1625, he became secretary to the Inquisition and in 1641, secretary to the Cámara de Justicia. Hurtado de Mendoza is one of the most notable courtier-poets of the seventeenth century. His literary friends included Vélez de Guevara, Lope de Vega, Rioja, Gracián and Quevedo, with whom he occasionally collaborated. Apart from his work as a dramatist, he was a prolific, though unequal, writer of lyrical and narrative verse, most of which was published posthumously (*El fénix castellano*, Madrid, 1690; *Obras líricas y cómicas*, Madrid, 1728). Hurtado's occasional poems are closely tied to the life of the Court: he wrote fluently in traditional metres, and his *jácaras* in particular have a verve and satirical bite only equalled by Quevedo. His more serious poems show a mastery of *culterano* metaphor and a rapidity of movement which place them among the best minor verse of the time. As Benítez Claros has written: "Podemos considerarle en las postrimerías estéticas, si no cronológicas, del culteranismo. No quiere ello decir que su lírica no participe de la metáfora gongorina, pues ésta puede hallarse con frecuencia, sino que el autor adopta ya una posición criticista ante ella, juzgándola como cosa pasada." The first of the poems I have chosen has also been attributed to Luis

Vélez de Guevara, though the evidence is not conclusive. *Obras*, ed. R. Benítez Claros, 3 vols., Consejo Superior de Investigaciones Científicas, Madrid, 1948.

106

    Ya es turbante Guadarrama
en la cabeza del viento,
tomándose por remate
la media luna del cielo.
    Blancos penachos de escarcha
de plata le riza el cierzo,
soberbia loca hermosura
de sus volantes de hielo.
    Camafeos son los riscos,
10 airones los robles secos;
que estar desnudos los troncos
es la gala de un invierno.
    Huyen de ser los arroyos
de los árboles espejos,
porque los miran tan pobres
y tan galanes los vieron.
    A los puertos de las cumbres
las puertas cierra el enero
y en tantos mares de nieve
20 todo es golfo y nada es puerto.
    Cristales flechan las nubes
a las murallas del fuego,
y en mariposa se vienen
abajo dos elementos.
    Y todo es menos con Clori,
alma del sol, que está en mi pecho
abrasándome a rayos
y a luceros.

107

    Si tal bajeza creíste,
oh altísima Anarda hermosa,
en número de infinitas
tus bellas furias son pocas.
    Pensamiento que en el sol
osadamente se engolfa
y surca de rayos negros
las bellas lucientes ondas,
    no puede seguir el rumbo
10 de navegación tan corta,
que sin fluctuar en luces
todo se anegará en sombras.
    Neblí que emprende una garza
que en los cielos se remonta
y cada plumaje suyo
es de una estrella garzota,
    ¿cómo a las plebeyas tiendas
fiará su caudal en ropa
que a unas enaguas se venden
20 y a medio antojo se compran?
    ¿Cómo a tan vulgares aves
batirá plumas airosas,
que fuera, en vez de lograllas
mortificar las victorias?
    Si en alta mar, y más alta,
pone el bajel su derrota,
dudoso de si navega
en las nubes o en las olas,
    ¿cómo puede en barcos viles
30 engolfar la errante proa,
todo el mar peñascos donde
la ninfa sólo no es roca,
    mercader que por su trato
en Indias más caudalosas

granjear piensa aún los hermosos
ricos senos de la aurora?
   El peregrino que al templo
de la deidad más gloriosa
sus votos lleva, que basta
40 por premio a dorar sus glorias,
   ¿cómo en imagen profana
hará su estación devota,
que a ya pasada hermosura
pocos ruegos la sobornan?
   Quien ve la risueña fuente
que dulce, alegre y sonora
reina de cristal, y el prado
de aljófares le corona,
   ¿cómo su florida margen
50 dejará por las dudosas
aguas turbias, que los brutos
más las huellan que las gozan?
   Quien mira en jardín de amores
la más bella ilustre rosa
de albores tiernos bañadas
las puras brillantes hojas,
   ¿cómo buscará en el campo
la estéril necia amapola,
flor molesta y de los ojos
60 vana pesadumbre roja?
   Rosas de orejas de cuero
¿cómo quieres que las ponga
quien respira por más flores
sólo en ansias de tu boca?
   Quien tu beldad quiere, oh siempre
más bellísima señora,
tiene para todo olvido
qué obediente la memoria.
   Mis ociosos pensamientos
70 a otra inclinación, que es otra

que en tus resplandores ciega
a más voces vive sorda.

¡Qué celestial, qué divina
es mi fe! pues tuya sola,
aunque al favor la más triste,
al gusto la más dichosa.

Las mismas soberanías
en mi estimación forzosas,
en tu igualdad peligraran
80 si en ti no vivieran todas.

¿Yo, mi bien, yo, cielo mío,
no amarte? ¡Qué mal agora
pudiera pasarse a necia
alma de amores tan loca!

Ya baten sus estandartes
las eternidades propias
a mi amor, que a su grandeza
es la inmensidad angosta.

No por fineza en quererte
90 cuento vida tan ociosa,
que ocupada en sólo amarte
el demás vivir le sobra.

Sólo con ser tuyo vivo
en quietud tan venturosa
que de ambiciones humanas
aun las noticias me ignoran.

Desdeñado desatento
cuanto la mentira logra,
cuanto yerra la fortuna,
100 cuanto puede la lisonja.

108

Garza real, que en puntas desiguales
los vientos ciñes y los orbes huellas,
costando al sol y a las deidades bellas

asombros dulces, miedos celestiales:
　　　　si de escondido arroyo en los umbrales
　　　tu paz quieren turbar osadas huellas,
　　　aun son cortas vecinas las estrellas,
　　　aun temblarán los cielos inmortales.
　　　　No huyas a ti misma, que segura
10　　estarás en mi amor más que en tu vuelo,
　　　y en mi respeto aun más que en tu hermosura.
　　　　No embarace tus plumas con recelo
　　　desvanecido alcón, que es más altura
　　　derribarte de ti, que no del cielo.

109
A LA SOLEDAD DE NUESTRA SEÑORA DE BALMA

　　　　Soledad, no hay compañía
　　　mayor, donde el alma yace
　　　consigo, y en ella nace
　　　una verdad cada día:
　　　en esta breve armonía
　　　miro cuán breve reposa
　　　en un peligro la rosa,
　　　en un desmayo el jazmín;
　　　y que sólo el alma al fin
10　　permanece siempre hermosa.

JERÓNIMO DE SAN JOSÉ
(1587–1654)

JERÓNIMO DE EZQUERRA Y ROSAS, later Fray Jerónimo de San José, was born in Mallén (Saragossa). He became a Discalced Carmelite in 1615 and was later appointed official chronicler of the Order. In 1637, he was sent as prior to the Convent of Gerona and eventually retired to Saragossa, where he belonged to the circle of Juan de Lastanosa, the friend and patron of Gracián. As a poet, Jerónimo de San José was deeply influenced by his friendship with Bartolomé Leonardo de Argensola. Belief in Argensola's classical principles did not, however, prevent him from writing a series of attractive *redondillas* on religious themes, reminiscent at times of the doctrinal *romances* of San Juan de la Cruz. His sonnets on biblical and moral texts are fluent, but for the most part conventional. The sonnet I have chosen, however, shows a curious imagination, as well as the ability to sustain a sequence of rich colour effects. Jerónimo de San José is also the author of a life of San Juan de la Cruz (1629, revised 1641) and an unpublished history of his Order. *Poesías selectas*, Saragossa, 1876.

110

VITA NOSTRA VAPOR AD MODICUM PARENS

Al trasmontar del sol, su luz dorada
cogió de unos fantásticos bosquejos
la tabla, y al matiz de sus reflejos,
dejóla de colores varïada.

Aquí sobre morado cairelada
arden las fimbras de oro en varios lejos,
acullá reverbera en sus espejos
la nube de los rayos retocada;
    suben por otra parte, en penachera
10 de oro, verde y azul, volantes puros,
tornasolando visos y arreboles;
    mas, ¡oh breve y fantástica quimera!,
pónese el sol, y quedan luego oscuros
los vaporcillos, que eran otros soles.

ESTEBAN MANUEL DE VILLEGAS
(1589–1669)

ESTEBAN MANUEL DE VILLEGAS was born in Matute (Rioja) and studied in Madrid and Salamanca. In 1618, he published his only volume of poetry, *Las eróticas o amatorias*. Many of these poems are careful imitations of Horace, Anacreon and other elegiac poets. Villegas's mastery of the seven-syllable line and his experiments in quantitative verse are unique at this period, and his poetry was to prove a major influence on the eighteenth-century neo-classical writers. Though his formal skill is undeniable, the content of his poems is often trivial and repetitive and reveals a general softening of classical discipline. Occasionally, however, as in the poem printed here, personal feeling succeeds in breaking through the barrier of form, though the emotion seldom goes beyond a surface charm. *Eróticas*, ed. N. Alonso Cortés, *Clásicos Castellanos*, vol. 21, Madrid, 1913.

III

A DON ANTONIO MANUEL DE VILLEGAS, NIÑO DE DOS AÑOS Y MEDIO, SOBRINO DEL AUTOR

Cupido de ametistes,
delicias de tu madre,
que es Ángela y honesta,
que es hermosa y es ángel;
tirano sin aljaba
y ciego sin vendarte,
te llaman los amores
de muchas voluntades.

Tú burlas como niño,
10 tú admiras como grande,
y en medio lustro excedes
a tres olimpiades.
De sanos y de enfermos
triaca eres suave,
porque suspendes ojos,
porque diviertes ajes.
Tú sazonando risa,
tú guisando donaires,
como el arroyo alegras,
20 como el imán atraes.
Eres en la soltura
más que el venado ágil
y más que el mismo fuego
activo sin cansarte;
porque jamás sosiegas
por mucho que trabajes,
ni te atan los miedos,
temiendo que no los ates.
De grana las mejillas,
30 la boca de granates
y las garzotas bellas
de filigrana traes.
  Mil virtudes prometes,
mil vicios contrahaces,
aquéllas con premisas
y éstos con ademanes.
Concetos desentrañas
que entiendes como Ángel,
y acudes presto a ellos,
40 con que articulas tarde.
Pues gózate mil años,
que si hoy eres infante,
mañana caballero
serás, como tus padres.

PEDRO CALDERÓN DE LA BARCA
(1600–1681)

PEDRO CALDERÓN DE LA BARCA, one of the greatest Spanish dramatists, was born in Madrid. His parents belonged to the minor nobility; Calderón himself studied with the Jesuits and later at the Universities of Alcalá and Salamanca. He first became known as a poet in 1620, on the occasion of the beatification of St. Isidore, and shortly afterwards began to write for the stage. His best-known dramas were composed in the late 1620's and 1630's; later he served with distinction in the war in Catalonia (1640–1), by which time he had become a Knight of the Order of Santiago. In 1651, he was ordained a priest and devoted himself entirely to the writing of *autos sacramentales* and occasional plays for Court festivities. Though Calderón's reputation rests mainly on his plays, many of these show his wide knowledge of the work of other poets, and he himself wrote a small number of separate poems. The finest of these (too long to include here) is *Psalle et sile* (1662), a verse sermon or meditation in the Ignatian manner on the words "Calla y reza" which appear on the choir screen of Toledo Cathedral, of which he was a chaplain from 1653 onwards. The elegy for doña Inés Zapata is a much earlier poem, probably written between 1623 and 1628. The sure sense of construction and the intellectual tightness of the rhetoric are unmistakably Calderonian. In Blecua's words: "la intensidad lírica, aun dentro de su característico intelectualismo barroco, la cordialidad de toda la composición y hasta cierta nota melancólica saltan a la vista inmediatamente. Hay una mezcla de lo que ha de ser siempre calderonismo pero con cierta cordialidad juvenil, aprendida probablemente en Lope de Vega." *Cancionero de 1628*, ed. J. M. Blecua, *Revista de Filología Española*, anejo 32, Madrid, 1945, pp. 618-21. There is a good facsimile edition of *Psalle et sile* by L. Trenor Palavicino and J. de Entrambasaguas, Valencia, 1939.

112

EN LA MUERTE DE LA SEÑORA DOÑA INÉS ZAPATA, DEDICADA A DOÑA MARÍA ZAPATA

    Sola esta vez quisiera,
bellísima Amarili, me escucharas,
no por ser la postrera
que he de cantar afectos suspendidos,
sino porque mi voz de ti confía
que esta vez se merezca a tus oídos
por lastimosa, ya que no por mía.
    No tanto liras hoy, endechas canto;
no celebro hermosuras,
10 porque hermosuras lloro;
quien tanto siente que se atreva a tanto,
si hay alas mal seguras
que deban a su vuelo ondas de llanto.
    ¡Ay, Amarili!, a cuánto
se dispuso el afecto enternecido,
mas si el afecto ha sido
dueño de tanto efecto,
enmudezca el dolor, hable el afecto;
20 si pudo enmudecer o si hablar pudo
retórico dolor y afecto mudo.
    ¿Diré que el cierzo airado,
verde ladrón del prado,
robó el clavel y mal logró la rosa?
Mas no, porque era Nise más hermosa.
    ¿Diré que obscura nube,
nocturna garza que a los cielos sube,
borró el lucero, deslució la estrella?
No, porque era más bella.

30   ¿Diré que niebla parda
la vanidad del sol tanto acobarda
que muere al primer paso
y el oriente tropieza en el ocaso
mintiéndoles el día?
No, porque Nise más que el sol ardía.
   ¿Diré que el mar violento
hidrópico bebió, bebió sediento,
la fuentecilla fría
que en su orilla nacía,
40 siendo cuna y sepulcro, vida y muerte?
Mas no, que en Nise más beldad se advierte.
   ¿Diré que rayo libre,
ya fleche sierpes, ya culebras vibre,
en cenizas desate el edificio
que en los brazos del viento nos da indicio
de que en sus hombros el zafir estriba?
Mas no, que aún era Nise más altiva.
   ¿Pues qué diré que mi dolor avise?
Diré que murió Nise.
50 Sí, pues murió con ella
deshecha flor, desvanecida estrella,
día abortado, mal lograda fuente,
y torre antes caduca que eminente,
fingiéndose la muerte en un desmayo
el cierzo, niebla, nube, mar y rayo.
   Nise murió. Dura pensión del hado
que no tenga en el mundo la belleza,
por belleza siquiera, algún sagrado.
Nise murió. ¡Qué asombro! ¡Qué tristeza!
60 ¡Oh ley del hado dura,
decretado rigor, fatal violencia,
que no tenga en el mundo la hermosura,
por hermosura, alguna preeminencia!
   Nise murió. ¡Qué extraña desventura
que no goce el ingenio por divino

privilegio en las cortes del destino!
Todos a su despecho,
a mayor majestad rindan el pecho;
el pecho, en esta ley determinado,
70 tercera vez dura pensión del hado.
 A tres Gracias tres Parcas combatieron,
y las Gracias vencieron,
que su rigor a profanar no atreve
tanta luz, tanta, tanta nieve.
Y aunque Nise quedó muerta y rendida,
dejó despierta en su beldad la vida;
y así las Parcas lágrimas lloraron,
las Parcas su sepulcro acompañaron,
esfera breve donde
80 la luz se eclipsa, el resplandor se esconde.
 A cuya sepultura
un mármol consagraron que dijera:
"Aquí debajo de esta losa dura
la hermosura naciera,
si naciera sembrada la hermosura".
 Pero siga el consuelo
al llanto, a la tristeza el alegría;
corra la niebla el velo
y a la noche suceda alegre el día.
90 La noche muestre ya la estrella hermosa,
lama el Aura el clavel, beba la rosa,
pues Nise coronada
de nueva luz, la Nise laureada,
la adama el sol, y en trono de diamante
está pisando estrellas,
imagen ya de aquellas luces bellas,
carácter ya de aquellos otros puros
que bordan paralelos y coluros.
 Y tú, hermosa Amarili, el sentimiento
100 trueca en gusto, en invidia el escarmiento,
pues la tierra sabiendo que tenía

dos soles, y uno apenas merecía,
liberal con el cielo
quiso partir y te dejó en el suelo
a ti, porque más bella
fénix ya del amor, venzas aquella
competencia dichosa,
pues ya sola en el mundo eres hermosa.

JERÓNIMO DE CÁNCER
(d. 1655)

LITTLE is known of the life of Jerónimo de Cáncer, who was born in Barbastro shortly before 1600. Despite his noble origins, he spent most of his life in poverty in Madrid, where he acted and collaborated in the writing of *comedias* with a number of well-known dramatists, including Moreto, Rojas and Vélez de Guevara. His poems are contained in *Obras varias* (Madrid, 1651). The most ambitious of them, the *Fábula del Minotauro* (1651), contains passages of real distinction; his shorter poems, like the one printed here, show a good-humoured wit and a liking for the unexpected word within the general orbit of the *culterano* manner. *Biblioteca de autores españoles*, vol. 42, Madrid, 1923, pp. 429–37.

113
DÉCIMAS QUE UN GALÁN LE LEYÓ A UNA DAMA QUE ESTABA EN UN JARDÍN, ESCRITAS A ESTE INTENTO, HABLANDO CON ELLA

    Moderno, florido mes,
tú que, con garbo gentil,
tienes neutral el abril
al arbitrio de tus pies,
todo este sitio cortés
te obedece si le tocas,
y las flores que provocas,
tus plantas (por más fortuna)
quieren besar una a una,
10 porque no caben más bocas.

Aliñábase la rosa,
recelando tu venida,
y alientos de prevenida
ya eran desmayos de hermosa.
Afeitó el jazmín la airosa
tez de su rostro nevado
de suerte, que este esmaltado
espacio lucir se ve
muchas veces a tu pie
20 y una vez a su cuidado.
    Esa fuente tu hermosura
quiere ver, y en sí tropieza;
buen testigo a la belleza
es quien todo lo murmura.
El aura llegar procura
a besar tu boca hermosa,
y volviendo presurosa
a las rondas del vergel,
la desconoció el clavel
30 en venir más olorosa.
    Viendo tan nuevos primores
la primavera en tus luces,
y que en su imperio introduces
fragrante cisma de flores,
a fuerzas tan superiores
huyó rendido el laurel,
y así te juro fïel
por el ameno jardín,
aura, abril, fuente, jazmín,
40 fragrancia, rosa y clavel.

ANASTASIO PANTALEÓN DE RIBERA
(1600–1629)

ANASTASIO PANTALEÓN DE RIBERA spent most of his short life in Madrid, where he was a member of various literary academies, and was a friend of the preacher Paravicino and of José Pellicer de Tovar, the commentator of Góngora, who published his poems in 1631. As a poet, he was an unrepentant follower of Góngora ("poeta soy gongorino"), and is notable as an early exponent of the burlesque mythological fable (*Fábula de Europa*; *Fábula de Alfeo y Aretusa*). The sonnet I have chosen also owes something to Góngora in syntax and vocabulary, though it stands as a good and powerful poem in its own right. *Obras*, ed. R. de Balbín, 2 vols., Consejo Superior de Investigaciones Científicas, Madrid, 1944.

114
A DON DIEGO DE LUCENA, PINTOR FAMOSO Y GRANDE INGENIO, HABIENDO RETRATADO AL POETA

Poca, Diego, soy tinta, bien que debe
en esa tinta poca a tu pintura
tanto espíritu docta mi figura,
cuanto pudo admitir lámina breve.

A ser eterna aun más por sí se atreve,
que por la fe de su materia dura;
otra vez animada criatura
luces a tu pincel mi aliento debe.

Por ti vuelvo a vivir; la imagen bella
10 que en la paciencia heroica de tu mano
quedó vocal, lo dice peregrina.

Tanta inmortalidad me adquiero en ella,
que entre el uno y el otro ser humano,
sólo al primero temo mi rüina.

SALVADOR JACINTO POLO DE MEDINA
(1603–1676)

POLO DE MEDINA was born in Murcia, of poor parents, though he later enjoyed the patronage of several aristocratic families. He had settled in Madrid by 1631, the date of publication of his first book, *Academias del jardín*, a prose work containing poems by himself and a number of friends. Sometime before 1637 he was ordained a priest and by 1638 had been appointed secretary to the Bishop of Lugo. Little is known of the rest of his life, though he eventually returned to Murcia as rector of the seminary of San Fulgencio. Until recently, Polo de Medina was known chiefly as a writer of witty light verse and burlesque mythological poems in the manner of Góngora. The poems contained in *Academias del jardín* and the *Gobierno moral a Lelio* (1657), however, show a more serious, and on the whole more impressive, side of his talent. Despite his theoretical attacks on *culteranismo* (explained perhaps by his friendship with such writers as Lope de Vega and Pérez de Montalbán), Polo de Medina's best poetry could hardly have existed without the example of Góngora. His moral seriousness and sweeping imagery are the product of a sensibility which moves with equal ease in the aphoristic prose of the *Gobierno moral*. As Cossío has written: "(Es) un finísimo lírico, de insuperable calidad poética, un admirable prosista moralizador, que no cede en elegancia cómica a ninguno de los de su siglo, y un estimable novelista alegórico, atento a la última novedad literaria de su momento". As an example of Polo's "elegancia cómica" in verse, I should have liked to include the *romance* "A la Dama verde" ("Doña hortaliza con alma, / doña Andante Torongil...") from *Academias del jardín*. The first of the poems I have chosen comes from the same collection; the other two are taken from the *Gobierno moral*.

115
EL ÁLAMO

Aquesta ya de Alcides osadía,
que profana del sol sagrado asiento,
contra sus rayos verde atrevimiento,
pasando a descortés su demasía;
    esta, que no al Olimpo desafía,
pues besa de su alteza el fundamento,
vanidad de esmeralda, que en el viento
bate tornasolada argentería;
    esta del prado Babilonia hojosa,
10 terrero do festejan las estrellas
en confusión armónica las aves:
    cadáver estará su pompa hermosa,
y amarillas leerán sus hojas bellas
muda lición a nuestras vidas graves.

116
CONTRA UN CIPRÉS QUE LO ABRASÓ UN RAYO

    Es verdad; yo te vi, ciprés frondoso,
estrechar de los vientos la campaña,
yo vi ser la soberbia que te engaña
aguja verde en Menfis oloroso.
    Creíste que por grande y poderoso
no te alcanzase de un dolor la saña;
rodear sabe el mal; por senda extraña
vino el castigo en traje luminoso.
    Rigor tu vanidad llama a esta furia.
10 Si no son los castigos impiedades,
no se quejen tus culpas tan a gritos.

Nunca lo que es razón ha sido injuria,
ni por más que atormenten sus verdades
han de saber quejarse los delitos.

117

Todo el Mayo volaba
en un pájaro hermoso,
que a carreras furioso
un halcón lo acosaba;
de unas ramas se abriga
y huyendo del peligro da en la liga.
    La corderilla mansa
(felpa viva) se pierde
entre la selva verde,
10 y en dar voces se cansa;
y las voces que ha dado
las oye su peligro, y no el ganado.
    Manchado de colores
(ya tigre de las aves)
el colorín, suaves,
cantaba sus amores;
el cazador lo oía
y el canto fue muerte, y no armonía.
    Relumbra allá en el risco
20 (carbunclo de su pecho)
la llama que se ha hecho
por calor del aprisco;
y a que lo robe fiero
ella misma es quien llama al bandolero.
    Corre, listón de nieve,
arroyuelo que, helado,
era alcorza del prado,
y los pasos que mueve,
dando en el mar, ¡ay cielo!,
30 ni lo dejan alcorza ni arroyuelo.

GABRIEL BOCÁNGEL
(1603–1658)

GABRIEL BOCÁNGEL Y UNZUETA was born in Madrid, where his father was doctor to Philip III. As a young man, Bocángel spent some time in Rome; later he became librarian and gentleman-in-waiting to the Cardinal-Infante Fernando (d. 1641), and also served as keeper of the royal accounts. His importance at Court and the multiplicity of his official posts earned him the title of "el mayor cortesano", and many of his poems were occasioned by Court events. Bocángel is one of the most unjustly neglected of seventeenth-century poets. Though his work is unequal, at his best he is a very fine poet indeed. The two most obvious influences on his verse are Góngora and Jáuregui, though at times he is more personal than either. His mythological fable, *Hero y Leandro*, though an early work, already shows the powerful visual sense which is one of Bocángel's great qualities. His concern for clarity, expressed in the preface to *Rimas y prosas* (1627), partly accounts for the sculpturesque effect of his verse noted by Gerardo Diego. As Orozco Díaz has said: "Nada deja abocetado; el verso, como la idea, se completa y limita preciso y pulido, en particular sus finales de estrofa, que cierran el pensamiento con ritmo acompasado." *Obras*, ed. R. Benítez Claros, 2 vols., Consejo Superior de Investigaciones Científicas, Madrid, 1946.

118

OYENDO EN EL MAR, AL ANOCHECER, UN CLARÍN QUE TOCABA UN FORZADO

Ya falta el sol, que quieto el mar y el cielo
niegan unidos la distante arena:

un ave de metal el aire estrena,
que vuela en voz cuanto se niega en vuelo.
  Hijo infeliz del africano suelo
es, que hurtado al rigor de la cadena,
hoy música traición hace a su pena
(si pena puede haber donde hay consuelo).
  Suene tu voz (menos que yo), forzado,
10 pues tu clarín es sucesor del remo
y alternas el gemido con el canto.
  Mientras yo al mar de Venus condenado,
de un extremo de amor paso a otro extremo,
y, porque alivia, aun se me niega el llanto.

119

A UN ÁRBOL QUE SE SECÓ AL PRINCIPIO DE LA PRIMAVERA, EN METÁFORA DE UNA ESPERANZA BURLADA

   Árbol prisión de ti mismo,
de aves no, rayos del viento,
que tu desvanecimiento
aun se ve en tu parasismo,
¿qué fue de tu verde abismo?
¿qué de mis verdes engaños?
Parece que de mis daños
algo sensible te enojas,
arrojándome esas hojas
10 para escribir desengaños.
   De su pincel más oculto
Abril nos dibuja el prado,
mas en ti de aves pintado
formó relieves de bulto:
ese cadáver inculto
vivirá por mi escarmiento,
renovando mi tormento

      cuando advierta en tu fortuna
      que el leño que te dio cuna
20 pena en ser tu monumento.
    Tu elemento te olvidó
    por desvanecer temprano:
    no te perdió de tirano,
    que de vista te perdió;
    el viento te despojó
    como a incauto peregrino,
    y en ese leño imagino
    te presenta a mi esperanza,
    aunque a conocerte alcanza
30 al cabo de su camino.

120

A UN HOMBRE QUE SE CASÓ CON LA QUE HABÍA SIDO SU DAMA

    Hoy, Fabio, te casaste con Lisena,
que ayer te dio de amor dulces venenos;
en vasos viles de ponzoña llenos,
mal la abeja de amor su miel ordena.
    No te aseguro yo la mar serena,
ni que con tu bajel midas sus senos,
a quien de caña aun dio flaquezas; menos
la debiste fiar riesgos de entena.
    Pediste (y lo consigues) que Himeneo
10 te purifique el lecho, y decorosa
a tu lado inculpable Lisi asista.
    Mas con la misma condición que a Orfeo
la esposa se volvió te dan la esposa,
Fabio: no has de volver atrás la vista.

Huye del sol el sol, y se deshace
la vida a manos de la propia vida;
del tiempo, que a sus partos homicida
en mies de siglos las edades pace,
   nace la vida, y con la vida nace
del cadáver la fábrica temida.
¿Qué teme, pues, el hombre en la partida,
si vivo estriba en lo que, muerto, yace?
   Lo que pasó ya falta; lo futuro
aun no se vive; lo que está presente
no está, porque es su esencia el movimiento.
   Lo que se ignora es sólo lo seguro;
este mundo, república de viento
que tiene por monarca un accidente.

PEDRO DE QUIRÓS
(1607?–1667)

PEDRO DE QUIRÓS was born in Seville, where he joined the Order of *Clérigos Menores* in 1624. After spending most of his life in his native city, he was sent to Salamanca in 1659, and two years before his death became Provincial of his Order in Spain. Despite his Andalusian roots, Quirós's poetry has more affinities with that of Lope de Vega and Valdivielso. His *Poesías divinas y humanas* (first published in 1887) contain sonnets, madrigals and *canciones*, as well as a number of lighter poems and translations of Latin hymns. Menéndez y Pelayo describes him as "fervorosamente conceptista, aunque poco culterano"; his *conceptismo*, however, hardly goes beyond a liking for antithesis, and his best poems, like the ones printed here, are more notable for their rhythmical assurance and the skilful placing of Latinate words. *Poesías divinas y humanas*, Seville, 1887: *Biblioteca de autores españoles*, vol. 32, Madrid, 1921, pp. 421–4.

122

A UNA PERLA, ALUSIÓN A LA VIRGEN MARÍA

Del cristalino piélago se atreve
tal vez marina concha a la ribera,
y el fulgor puro de la luz primera
su sed, menor que su avaricia, bebe.

De la preciosa perla apenas debe
quedar fecunda el alba lisonjera
cuando al mar se retira, porque fuera
ve los rayos del sol manchar su nieve.

En el mar de la Gracia, ¿quién no mira
10 que eres ¡oh Virgen! tú la perla pura
por cuya luz aun la del sol suspira?
   Mancha el sol de tu perla la blancura;
mas que en ti no haya mancha, ¿a quién admira,
si aun al sol presta rayos tu hermosura?

123

EN LA MUERTE DE UN NIÑO

   Tierna flor difunta oprime
la gravedad de esta losa:
¡de tus alientos el día,
qué breves tuvo las horas!
En vano la muerte quiso,
de tu esperanza envidiosa,
desde las primeras luces
reducirte a mudas sombras;
pues los campos de zafir,
10 viviente lumbre, te gozan,
que para ser hoy su estrella
fue la tuya venturosa.
La tierra de este sepulcro,
fértil siempre a tus memorias,
del muerto grano que sella,
diluvios dará de rosas.
Abriles, desvanecidos
en su floreciente pompa,
envidiarán tu fortuna
20 al rasgar julio sus hojas.
Luz trémula, breve en fin,
tu ocaso te fue lisonja,
pues en poca edad lograste
lo que en mucha mil no logran.
Esas cándidas cenizas,
no tristes, como las otras,

producen para la envidia
todo cuanto aquéllas borran.
No pise, huésped, tu planta
30 lección del tiempo tan docta:
¡Mire el nacer y el morir,
qué breves distancias forman!

FRANCISCO DE TRILLO Y FIGUEROA
(1618?–1680?)

FRANCISCO DE TRILLO Y FIGUEROA was a Galician by birth, though he spent most of his life in Granada, where he was a close friend of Soto de Rojas. He served for a time as a soldier in Italy, and in later life devoted himself to poetry and historical writing. As a poet, Trillo seems to stand apart from his milieu; in Cossío's words: "Poco creo que se puede adivinar en él del carácter ameno y brillantísimo de los poetas granadinos, a pesar de haber convivido con ellos". In the notes to his long poem, the *Neapolísea* (a heroic poem on Gonzalo de Córdoba, "el Gran Capitán") and the *Panegírico del Marqués de Montalbán*, he defends the achievement of Góngora with great vigour. His own imitations of Góngora, however, are mostly confined to burlesque poems, many of them obscene and obsessively anti-feminist. The most remarkable feature of Trillo's verse is the use of traditional Galician-Portuguese forms and rhythms (*versos de gaita gallega*, *cantares de maya*), which he handles with considerable skill. Had space allowed, I should have liked to include the attractively modest burlesque beginning "Pues me das lo que quiero, / fortuna lisonjera ...". The poem I have chosen, however, is a good example of his very genuine feeling for popular poetry. *Obras*, ed. A. Gallego Morell, Consejo Superior de Investigaciones Científicas, Madrid, 1951.

124

¡Válgame Dios, que los ánsares vuelan;
válgame Dios, que saben volar!

Andando en el suelo
vide un ánsar chico,
y alzando su pico
vino a mí de vuelo,
diome un gran consuelo
de verlo alear.
¡Válgame Dios, que los ánsares vuelan;
10 válgame Dios, que saben volar!
   El ánsar gracioso
comenzó a picarme,
y aun a enamorarme
su pico amoroso,
mas como alevoso
volvióme a dejar.
¡Válgame Dios, que los ánsares vuelan;
válgame Dios, que saben volar!
   Era tan bonico,
20 que me dejó en calma,
dando gusto al alma
su agraciado pico,
pues era, aunque chico,
grande en el picar.
¡Válgame Dios, que los ánsares vuelan;
válgame Dios, que saben volar!
   Mas quisiera yo
nunca haberle visto,
pues dulce le asisto,
30 y crüel se huyó,
sólo me dejó
que sentir y amar.
¡Válgame Dios, que los ánsares vuelan;
válgame Dios, que saben volar!
   Ay, Amor crüel,
cuando quieres paces
qué de halagos haces;
cuando no, qué infiel.

¿Dónde iré tras él,
40 que no sé volar?
¡Válgame Dios, que los ánsares vuelan;
válgame Dios, que saben volar!

ANTONÍO HENRÍQUEZ GÓMEZ
(1600?–1660?)

ENRIQUE HENRÍQUEZ DE PAZ, who later took the name of Antonio Henríquez Gómez, was born in Segovia, of a family of *converso* Jews. He served as a captain in the Spanish army, and in 1636 went to France, where he became secretary to Louis XIII and was made a Knight of the Order of St. Michael. His later years were spent as a member of the Jewish community in Amsterdam, where he was living in 1660, the year in which he was burnt in effigy by the Inquisition of Seville. Henríquez Gómez was a prolific writer in prose and verse: apart from several plays in the Calderonian manner, he is the author of *El siglo pitagórico y vida de don Gregorio Guadaña* (Rouen, 1644), a verse satire on contemporary manners which includes the picaresque novel referred to in the title. As a poet, he is varied, but often facile. His most important collection, *Academias morales de las Musas* (1642), contains a number of poems, notably the elegy beginning "Cuando contemplo mi pasada gloria...", in which he expresses his feelings as an expatriate with great feeling and dignity. The best of his shorter poems, like the two sonnets printed here, show the influence of both Góngora and Quevedo, though their mood of *desengaño* seems the natural culmination of the experience dealt with in the poems on exile. *Biblioteca de autores españoles*, vol. 42, Madrid, 1923, pp. 363–91.

125

AL CURSO Y VELOCIDAD DEL TIEMPO

Este que, exhalación sin consumirse,
por los cuatro elementos se pasea,
palestra es de mi marcial pelea
y campo que no espera dividirse.

Voile siguiendo, y sígueme sin irse,
voime quedando, y por quedarse emplea
su mismo vuelo, y hallo que desea
ir y quedarse y con quedar partirse.

Mi error me dice que su rapto apruebe,
10 pero ¿dónde camino, si su esfera
casi lo eterno con las alas mueve?

No me atrevo a seguirle aunque quisiera,
que corre mucho y temo que me lleve
en el último fin de la carrera.

126

Pasajero, que miras con cuidado
ese cadáver que viviente ha sido,
repara que de achaque de nacido
le castigó su original pecado.

Lo que pálido ves ya fue rosado,
lo que sin alma ves tuvo sentido,
y lo que está sin material oído
órgano fue y estuvo bien templado.

Mírale bien, que aunque su vida es ida
10 la tiene en el ejemplo, pues advierte
a tu soberbio polvo su partida;

juzga ahora quién goza mejor suerte,
el que vive faltándole la vida
o el que muere sobrándole la muerte.

AGUSTÍN DE SALAZAR Y TORRES
(1642–1673?)

AGUSTÍN DE SALAZAR Y TORRES was born in Almazán (Soria), but went as a child to Mexico, where he studied at the University and distinguished himself as a jurist and theologian. He later returned to Spain in the employment of the Duque de Alburquerque, with whom he served as a captain in Germany and Sicily. Salazar's work includes a number of *comedias* and a volume of poems, *Cítara de Apolo, Primera parte* (1681). The most ambitious of these, the *Fábula de Adonis y Venus*, is an extravagant example of *culteranismo* in decline. The shorter poems are more successful, and the sonnet I have included is an agreeable *tour de force* on a conventional theme. *Cítara de Apolo, Primera parte* (1681). (The second part, containing plays, was published in 1694.) There is no modern edition.

127
CELEBRA LA BREVEDAD DE LA VIDA DE LA ROSA

Este ejemplo feliz de la hermosura
que en purpúreos ardores resplandece,
si a dar admiraciones amanece,
a no dar escarmientos se apresura.

No miden los espacios su ventura,
pues cuando breve exhalación florece,
de aplausos de la vista se enriquece
y de injurias del tiempo se asegura.

¿Para qué más edad? Si no mejora
10 la pompa que en fragrante incendio brilla,
y a cada instante contrapone un daño.
Sobrada eternidad es una hora
para ser en la muerte maravilla
y no ser en la vida desengaño.

MIGUEL DE BARRIOS
(1635–1701)

MIGUEL (or DANIEL LEVI) DE BARRIOS was born in Montilla, near Córdoba. Sometime about 1650, his family left Spain under threat of persecution for judaizing. Miguel went to Italy, where he openly embraced the Jewish faith and married his first wife. Shortly afterwards, he went to the Indies, where his wife died; he returned immediately and settled in the Netherlands. In 1662, he married again, and served for a time as cavalry captain in Brussels while his family lived in Amsterdam. This double existence (Christian in Brussels, Jew in Amsterdam) came to an end about 1674, when he finally settled in Amsterdam. Miguel de Barrios was an extremely productive writer, whose work includes a number of plays and several prose treatises on philosophical and religious themes. He was also a gifted, though over-fluent writer of verse. His religious poems, though sometimes heavy going, form the most impressive part of his work. The longer ones include the *Imperio de Dios en el teatro universal*, a meditation on the world-theatre analogy, and several pieces in praise of the Torah. The urgency of some of these poems arises directly from Barrios's rejection of Christianity in favour of Judaism. His penitential poems have many points of contact with Christian writers, notably with Góngora, Quevedo and Calderón, who are his chief poetic models. As a contrast to Barrios's more literary manner, I have included two short epitaphs, the first written for himself and his second wife, the second, an acrostic which was almost certainly used for his own tombstone. There is no collected edition of the poems; a good selection of the religious poems, including the text of the *comedia Contra la verdad no hay fuerza*, appears in K. Scholberg, *La poesía religiosa de Miguel de Barrios*, Ohio State University Press, 1962, pp. 121–341.

128

A LA MUERTE DE RAQUEL

Llora Jacob de su Raquel querida
la hermosura marchita en fin temprano
que cortó poderosa y fuerte mano
del árbol engañoso de la vida.

Ve la purpúrea rosa convertida
de cárdeno color, en polvo vano,
y la gala del cuerpo más lozano
postrada a tierra, a tierra reducida.

¡Ay, dice, gozo incierto! ¡gloria vana!
10 ¡mentido gusto! ¡estado nunca fijo!
¿Quién fía en tu verdor, vida inconstante?

Pues cuando más robusta y más lozana,
un bien que me costó tiempo prolijo,
me lo quitó la muerte en un instante.

129

DESCRIPCIÓN DEL HOMBRE

Como el vidrio, en un soplo fue criado
el hombre, tan de sí ambicioso dueño
que cabiendo el gran mundo en el pequeño
en el mayor no cabe el abreviado.

Por el del orbe piélago erizado
con el soplo navega, frágil leño,
y corre más veloz a su despeño
cuando más de conciencia va cargado.

Gusano a hilar su muerte se apresura,
10 quimérico Perilo del becerro
que le sirve después de sepultura.

Tiene en un soplo vida, en otro entierro,
que como en esto al vidrio se figura,
fácilmente le quiebra cualquier yerro.

130
EPITAFIOS

(i)

Ya Daniel y Abigail
Levi a juntarse volvieron,
por un amor en las almas,
por una losa en los cuerpos,
porque tanto en la vida se quisieron
que aun después de la muerte un vivir fueron.

(ii)

Deshecho aquí ejemplo doy
Al que lucir quiere solo:
Nací ayer lumbre de Apolo
Y hoy sombra mía aun no soy:
En mi opaco centro estoy,
Libre hasta de mí sin cuantos
Laureles de Febo encantos.
Entregándome a su llama
Viví por Barrios de fama
10 Y hoy sólo vivo en mis cantos.

SOR JUANA INÉS DE LA CRUZ
(1648/51–1695)

JUANA DE ASBAJE, later Sor Juana Inés de la Cruz, was born in a small village near Mexico City, where she spent the whole of her life. She seems to have been the illegitimate daughter of a Spanish father and a Mexican mother, a fact which has caused confusion over the date of her birth. Her precociousness was phenomenal: she was already known as a poet by the age of ten; shortly afterwards she was taken to the court of the Viceroy, where she learned Latin and astonished leading scholars and writers by her intellectual gifts. In 1667, she entered the Order of Discalced Carmelites, probably in order to find peace for her studies and to escape a conventional marriage. Her health broke down, though she eventually recovered and became a nun of the Hieronymite Order in 1669. For some years, her remarkable talents and her extensive library made her one of the chief intellectual figures in the New World. Her religious life, however, was full of difficulties, caused partly by the hostility of the reactionary Archbishop of Mexico, don Francisco de Aguiar y Seijas. In 1690, as a sequel to her criticisms of a Jesuit preacher, she wrote her *Respuesta a la muy ilustre Sor Filotea de la Cruz*, an incomparably vivid and intelligent defence of her own spiritual life. Not long afterwards, she abandoned her studies, sold her books and scientific instruments for charity and died while nursing her fellow-nuns during a plague epidemic.

Sor Juana is the last major poet of the seventeenth century. In many ways her work represents a prolongation of the *culterano* and *conceptista* tendencies still current in Spain. Almost everything she wrote, however, bears the signs of her sensitive imagination and intellectual control. Her masterpiece is the *Primero sueño*, a dream vision of the universe which dramatizes the failure of the human mind to grasp reality by intellectual means. Such a poem could hardly have been written without the example of the *Soledades*. Nevertheless, its effect is totally different; as Elias Rivers has written: "Es un poema lleno de resonancias filosóficas; el glorioso mundo material y superficial de Góngora se convierte para Sor Juana en un profundo problema epistemológico." As a philosophical poet, Sor Juana has no equal in the seventeenth century; her more personal poems, like the three sonnets included here, are almost as remarkable in their alternating moods of tenderness and biting wit. Of the longer poems, "Hombres necios que acusáis . . ." is her most famous satirical piece; "Si acaso, Fabio mío, . . . ", though less well known, is a remarkable love poem by any standards. *Obras completas*, ed. A. Méndez Plancarte, 4 vols., Mexico, 1951 (the poems comprise the first two volumes; vol. III contains the plays and vol. IV the prose); *Obras escogidas*, ed. P. Enríquez Ureña, Colección Austral no. 12, Mexico, 1938 (contains the *Respuesta*); *Antología*, ed. E. L. Rivers, Biblioteca Anaya, no. 66, Salamanca, 1965 (contains the *Respuesta* and the *Primero sueño*).

131

CONTIENE UNA FANTASÍA CONTENTA CON AMOR DECENTE

  Detente, sombra de mi bien esquivo,
imagen del hechizo que más quiero,
bella ilusión por quien alegre muero,
dulce ficción por quien penosa vivo.
  Si al imán de tus gracias atractivo
sirve mi pecho de obediente acero
¿para qué me enamoras lisonjero,
si has de burlarme luego fugitivo?
  Mas blasonar no puedes satisfecho
10 de que triunfa de mí tu tiranía;
que aunque dejas burlado el lazo estrecho

que tu forma fantástica ceñía,
   poco importa burlar brazos y pecho
   si te labra prisión mi fantasía.

132

A LA ESPERANZA

   Verde embeleso de la vida humana,
loca Esperanza, frenesí dorado,
sueño de los despiertos intrincado,
como de sueños, de tesoros vana;
   alma del mundo, senectud lozana,
decrépito verdor imaginado;
el hoy de los dichosos esperado
y de los desdichados el mañana:
   sigan tu sombra en busca de tu día
10 los que, con verdes vidrios por anteojos,
todo lo ven pintado a su deseo;
   que yo, más cuerda en la fortuna mía,
tengo en entrambas manos ambos ojos
y solamente lo que toco veo.

133

PROSIGUE EL MISMO PESAR Y DICE QUE AUN NO SE DEBE ABORRECER TAN INDIGNO SUJETO, POR NO TENERLE AUN ASÍ CERCA DEL CORAZÓN

   Silvio, yo te aborrezco y aun condeno
el que estés de esta suerte en mi sentido,
que infama el hierro al escorpión herido
y a quien lo huella mancha inmundo cieno.
   Eres como el mortífero veneno,
que daña quien lo vierte inadvertido;
y en fin eres tan malo y fementido,
que aun para aborrecido no eres bueno.

  Tu aspecto vil a mi memoria ofrezco,
10 aunque con susto me lo contradice,
por darme yo la pena que merezco;
  pues cuando considero lo que hice,
no sólo a ti, corrida, te aborrezco,
pero a mí, por el tiempo que te quise.

134

ARGUYE DE INCONSECUENTES EL GUSTO Y LA CENSURA DE LOS HOMBRES QUE EN LAS MUJERES ACUSAN LO QUE CAUSAN

  Hombres necios que acusáis
a la mujer sin razón,
sin ver que sois la ocasión
de lo mismo que culpáis:
  si con ansia sin igual
solicitáis su desdén,
¿por qué queréis que obren bien
si las incitáis al mal?
  Combatís su resistencia
10 y luego, con gravedad,
decís que fue liviandad
lo que hizo la diligencia.
  Parecer quiere el denuedo
de vuestro parecer loco
al niño que pone el coco
y luego le tiene miedo.
  Queréis, con presunción necia,
hallar a la que buscáis,
para pretendida, Thais,
20 y en la posesión, Lucrecia.
  ¿Qué humor puede ser más raro
que el que, falto de consejo,
él mismo empaña el espejo,
y siente que no esté claro?

Con el favor y el desdén
　　tenéis condición igual,
　　quejándoos si os traten mal,
　　burlándoos si os quieren bien.
　　　Opinión, ninguna gana;
30　pues la que más se recata,
　　si no os admite, es ingrata,
　　y si os admite, es liviana.
　　　Siempre tan necios andáis
　　que, con desigual nivel,
　　a una culpáis por crüel
　　y a otra por fácil culpáis.
　　　¿Pues cómo ha de estar templada
　　la que vuestro amor pretende,
　　si la que es ingrata ofende,
40　y la que es fácil enfada?
　　　Mas, entre el enfado y pena
　　que vuestro gusto refiere,
　　bien haya la que no os quiere,
　　y quejaos en hora buena.
　　　Dan vuestras amantes penas
　　a sus libertades alas,
　　y después de hacerlas malas
　　las queréis hallar muy buenas.
　　　¿Cuál mayor culpa ha tenido
50　en una pasión errada:
　　la que cae de rogada,
　　o el que ruega de caído?
　　　¿O cuál es más de culpar,
　　aunque cualquiera mal haga:
　　la que peca por la paga,
　　o el que paga por pecar?
　　　Pues ¿para qué os espantáis
　　de la culpa que tenéis?
　　Queredlas cual las hacéis
60　o hacedlas cual las buscáis.

Dejad de solicitar,
y después, con más razón,
acusaréis la afición
de la que os fuere a rogar.
 Bien con muchas armas fundo
que lidia vuestra arrogancia,
pues en promesa e instancia
juntáis diablo, carne y mundo.

135
ENDECHAS QUE PRORRUMPEN EN LAS VOCES DE DOLOR AL DESPEDIRSE PARA UNA AUSENCIA

 Si acaso, Fabio mío,
después de penas tantas
quedan para las quejas
alientos en el alma;
 si acaso en las cenizas
de mi muerta esperanza
se libró por pequeña
alguna débil rama,
 adonde entretenerse,
10 con fuerza limitada,
el rato que me escuchas
pueda la vital aura;
 si acaso a la tijera
mortal que me amenaza
concede breves treguas
la inexorable parca,
 oye en tristes endechas
las tiernas consonancias
que al moribundo cisne
20 sirven de exequias blandas.

Y antes que noche eterna
con letal llave opaca
de mis trémulos ojos
cierre las lumbres vagas,
 dame el postrer abrazo,
cuyas tiernas lazadas,
siendo unión de los cuerpos,
identifican almas.
 Oigo tus dulces ecos,
30 y en cadencias turbadas
no permite el ahogo
entera la palabra.
 De tu rostro en el mío
haz, amoroso, estampa
y las mejillas frías
de ardiente llanto baña.
 Tus lágrimas y mías
digan equivocadas
que aunque en distintos pechos
40 las engendró una causa.
 Unidas de las manos
las bien tejidas palmas,
con movimientos digan
lo que los labios callan.
 Dame, por prendas firmes
de tu fe no violada,
en tu pecho escrituras,
seguros en tu cara;
 para que cuando baje
50 a las estigias aguas,
tuyo el óbolo sea
para fletar la barca.
 Recibe de mis labios
el que, en mortales ansias,
el exánime pecho
último aliento exhala.

    Y el espíritu ardiente,
que vivífica llama
de acto sirvió primero
60 a tierra organizada,
    recibe, y de tu pecho
en la dulce morada
padrón eterno sea
de mi fineza rara.
    Y adiós, Fabio querido,
que ya el aliento falta,
y de vivir se aleja
la que de ti se aparta.

NOTES TO THE POEMS

THE following abbreviations have been used: *Tesoro* = Sebastián de Covarrubias, *Tesoro de la lengua castellana o española* (1611), ed. Martín de Riquer, Barcelona, 1943; *Autoridades* = *Diccionario de Autoridades* (*Diccionario de la lengua castellana de la Real Academia Española*), Madrid, 1726-37 (facsimile ed., Gredos, Madrid, 1964, 3 vols.).

Rosas, brotad al tiempo que levanta (p. 1)

1-3. *al tiempo que levanta... el sacro vencedor*: The subject of *levanta* is *el sacro vencedor*.

7. (*el*) *renovado fénix*: Christ (see note to "El vivo fuego en que se abrasa y arde", 1. 9 (p. 206)); *el leño* refers to the funeral-pyre of the mythological Phoenix.

11. *de carbuncos hecho:* In medieval typology, the carbuncle or ruby is commonly identified with both Christ and the Virgin Mary.

12. *el coro:* the choir in church, in contrast to the choir of angels (*el coro celestial*) in the next line.

Por un sevillano (p. 4)

2. *rufo a lo valón: rufo* = "rufián"; *a lo valón* = "in the Flemish manner", perhaps in the style introduced to Spain by the courtiers of Charles V.

6. *de color verde:* here, "olive-skinned".

16. *a tus carnes das:* "when you beat me, it is your own body you are hurting".

En vano, descuidado pensamiento (p. 5)

The prototype of this poem and other similar "definitions of love" is Camoens's sonnet "Amor é fogo que arde sem se ver".

3. *un no sé qué que la memoria cría:* Another sonnet by Camoens, "Busque Amor novas artes, novo engenho", refers to love as "um não sei qué, que nasce não sei onde". Cf. the much more famous use of the same phrase by San Juan de la Cruz: "un no sé qué que queda balbuciendo" (*Cántico espiritual*, 1. 35).

¡Quién fuera cielo, ninfa más que él clara (p. 7)

1. *más que él:* "más que el cielo".

3. *la inmensa:* "la inmensa luz".

7. *desnudo:* refers back to the *Quién* of l. 1.

16. *llovedizo:* "como lluvia".

22. *Creciera allí la fama, no el provecho:* "Fame would grow there, not profit", i.e. "it would not be possible to improve on your actual beauty, only to make it better-known".

28. *Ninguna más que tienes:* "Ninguna (grandeza) más (de la) que tienes".

33. *(el) que agora es cielo:* "the present heaven", i.e. Heaven in the Christian sense. The speaker wishes he were himself a "heaven" (l. 1), so that he could bestow all manner of gifts on the woman he loves.

35. *el manjar que los años da sin cuenta:* ambrosia, the "food of the gods", which guaranteed immortality.

El vivo fuego en que se abrasa y arde (p. 10)

3. *el suyo:* "su fuego", "el fuego de su amor".

9. *y como fue de amor su santo origen:* The phoenix is a type or symbol of Christ; its death and rebirth represent Christ's own sacrifice for the love of mankind.

11. *el pecho de alabastro:* Alabaster is often used to signify pure whiteness. White is also the colour associated with the victorious Christ.

14. *deje:* The subjunctive emphasizes both desire and futurity.

Mil veces voy a hablar (p. 10)

20. *se desiguala:* "one places oneself at a disadvantage".

Dentro quiero vivir de mi fortuna (p. 13)

1. *Dentro:* here, "within the limits of".

4. *el cóncavo cerco de la luna:* in Ptolemaic astronomy, the space between earth and the orbit of the moon; here simply "earth". Cf. John Donne, *A valediction, forbidding mourning:* "Dull sublunary lovers' love/ whose soul is sense) ... ".

Imagen espantosa de la muerte (p. 13)

3. *el nudo estrecho:* "the close bond of my love" (cf. l. 14).

Si quiere Amor que siga sus antojos (p. 14)

4. *y que vistan su templo mis despojos:* "that my spoils may adorn her temple (like ex-votos or thanksgivings in church)".

9. *como sierpe renovada:* "like a snake which has cast its skin".

NOTES TO THE POEMS

Llevó tras sí los pámpanos octubre (p. 14)

   3. *Ibero:* Another draft of this poem has "el Ebro".

   5. *Moncayo:* a mountain peak in the province of Soria.

De la unión, Silvio, con que Amor prospera (p. 16)

   9–11. *generosa . . . le convida:* The subject is *la unión* (l. 1).

   13–14. *que aunque . . . a la esperanza:* The syntax of these lines is ambiguous; I suggest: "que aunque (al amante) le falte esfuerzo, que su sufrimiento nunca pida esfuerzo a la esperanza".

Amor, que en mi profundo pensamiento (p. 16)

   11. *sus desdenes:* "los desdenes de Cintia".

Por verte, Inés, ¿qué avaras celosías (p. 17)

   14. *corcovados:* "humpbacked", i.e. with the mounds of new graves. The subject of *hace* is *el mes* (l. 10).

¿Qué estratagema hacéis, guerrero mío? (p. 17)

   2. *antes:* "rather"; *sacramento* = "sacrament", but coming after *guerrero* (l. 1) also suggests the Latin sense of "a military oath".

   3. *¡que os bañe en sangre:* Cf. Luke xxii, 44: "And being in an agony, he prayed more earnestly: and his sweat was as it were great drops of blood falling down to the ground".

   7–8. *mas vos queréis . . . más brío:* "but you do not wish your suffering to receive more strength in order to increase your (human) courage".

   11. *que antes él los espíritus retira: él* refers to *temor* (l. 9). In Renaissance medicine, it was held that fear made the blood literally "run cold" and that it withdrew both heat and blood from the surface of the body.

¿Qué mágica a tu voz venal se iguala (p. 18)

   2. *carácteres:* The modern form of the plural ("caracteres") was not yet definitely established in the seventeenth century.

   5. *el cañón:* The hollow goose-quill is compared to the barrel of a musket.

   9. *¡O patrocinio (aunque aproveche) amargo!: patrocinio* ("patronage", "favour") refers to the relationship between the lawyer and his client. The lawyer's services, though they may bring temporary relief (*aunque aproveche(n)*), are ultimately a source of bitterness.

Mientras por competir con tu cabello (p. 20)

   (The dates after each of the Góngora poems are those given in the Chacón manuscript, on which most modern editions are based.)

This poem bears a general resemblance to Garcilaso's sonnet "En tanto que de rosa y azucena", which in turn is influenced by the sonnet of Bernardo Tasso which begins "Mentre che l'aureo crin ondeggia in torno". There are signs that Góngora made independent use of Tasso's poem.

9–14. Line 9 repeats the four substantives described in the quatrains; l. 11 repeats their attributes, though in a different order; the extraordinary falling cadence of the last line echoes the same rhetorical scheme. Notice also the rising movement immediately before this, achieved by the skilful placing of *antes que . . . no sólo . . . mas tú y ello . . .*

11. *lilio:* "lirio".

La dulce boca que a gustar convida (p. 21)

Superficially an imitation of a sonnet by Torquato Tasso (1544–95), "Quel labbro che le rose han colorito", though the first quatrain is completely new, and Tasso's images are worked into a much more subtle denunciation of eroticism. The *garzón de Ida* (l. 4) is Ganymede, the cup-bearer of the Greek gods. Tantalus (l. 12) was punished for his presumption by being made to stand waist-deep in a lake surrounded by trees bearing delicious fruit. When he reached up his hand, the fruit evaded him, and when he bent down to drink, the water receded. The proverbial "snake in the grass" (l. 8) was a common Renaissance emblem ("latet anguis in herba"), and is used again in *Angélica y Medoro*, ll. 22–3 (p. 28).

¡Oh excelso muro, o torres coronadas (p. 21)

This sonnet was written on the occasion of a visit to Granada; hence the reference to *Genil y Dauro* in l. 10. (The *gran rey de Andalucía* is the River Guadalquivir.) The tercets echo the words of Psalm 137: "If I forget thee, O Jerusalem, let my right hand forget its cunning . . .".

4. *de arenas nobles, ya que no doradas:* possibly in contrast to the Tagus, whose sands traditionally contained gold.

Máquina funeral, que desta vida (p. 22)

Queen Margaret of Austria, wife of Philip III, died in 1611. In the poem, the *túmulo* or catafalque is (i) a fixed symbol of mutability (l. 2); (ii) the funeral pyre of a more glorious Phoenix (ll. 3–4); (iii) a ship protected by divine favour (ll. 5–8); (iv) a lighthouse to guide the traveller in distress (ll. 9–11), and (v) a "dark shell" containing the "pearl" (*margarita*) which is the dead Queen. (This sonnet is also referred to in the Introduction, p. xxxvii.)

6. *estrellas, hijas de otra mejor Leda:* Castor and Pollux were the children of Leda; they were believed to protect seafarers and were associated with the phenomenon known as St. Elmo's Fire. In the context, *otra mejor Leda* suggests the Virgin Mary; the image of lights playing round the masts of the "ship" is based on the candles which burn on the *túmulo*.

NOTES TO THE POEMS

7–8. *serenan . . . reconocida:* "serenan la volubilidad reconocida de la rueda de la Fortuna".

13. *rubí en caridad:* Red is the traditional colour of charity.

Esta en forma elegante, oh peregrino (p. 23)

The painter El Greco died in 1614.

1–2. *Esta . . . llave:* "Esta dura llave (i.e. the tomb) en forma elegante de pórfido luciente".

3. *el pincel niega al mundo más süave:* "niega al mundo el pincel más suave". *Pincel,* by metonymy, stands for the painter himself.

9–11. *Heredó . . . Morfeo:* "Nature has inherited his art; art (i.e. other painters) his studies. The rainbow has inherited his colours, Phoebus (the sun) his light effects—and perhaps even (*si no*) Morpheus (the god of sleep) his shadows."

13–14. *cuantos . . . sabeo:* Saba, or Sheba, was famous for its incense, made from the scented gums exuded (*cuantos suda olores*) by the bark of a certain tree. *Corteza funeral* suggests the solemn associations of incense.

Menos solicitó veloz saeta (p. 23)

3. *agonal carro:* a chariot at the Roman games (*agon*) in honour of the god Janus.

4. *no coronó con más silencio meta:* Chariot races were held on a track consisting of two parallel straights joined by a sharp curve at either end. The *metas* were the two turning posts; *silencio* probably refers to the tense silence of the spectators at one of the most dangerous points in the race.

8. *cada sol repetido es un cometa:* Comets were traditionally regarded as ill-omens. "Each successive sun is a comet", because it brings a warning of death.

13–14. *las horas . . . los años:* Notice the subtle difference of scale suggested by the two verbs: *limando* ("wearing down", "filing away") and *royendo* ("gnawing at").

En la capilla estoy y condenado (p. 24)

1. *En la capilla:* A punning reference to the chapel in which a condemned criminal spent his last night before execution and to the fact that Góngora at this time was a royal chaplain.

2. *a partir . . . de esta vida:* both "to depart from this life", "to die" and "to leave behind the life of the Court". Góngora was in serious financial difficulties at the time; his hopes of success in Madrid had come to nothing and he was already thinking of returning to Córdoba.

4. *por hambre expulso como sitïado:* "driven out by hunger like one who is besieged".

6. *de condición . . . encogida:* here, "reticent by nature".

8. *y partiré a lo menos confesado:* a conscious echo of Garcilaso's line "y moriré a lo menos confesado" (*Canción* IV, l. 6).

9. *Examine mi suerte el hierro agudo:* "let the (executioner's) blade judge my fate".

La más bella niña (p. 24)

This poem is strictly speaking a *romance*, though the refrain gives it something of the quality of a *letrilla*. It exists in three quite distinct versions, which have been discussed by Professor B. W. Wardropper in *Studies in Philology*, LXIII, 1966, pp. 661–76. The version printed here is the latest and best-known, and is taken from the Chacón MS. The date 1580 is misleading: the first version, published in 1589 and included in the *Romancero general* of 1600, is shorter: the first stanza is the same, except for a subjunctive in l. 8 ("escucha"); the three remaining stanzas are variants of stanzas 5, 6 and 3 of the Chacón text, in that order. In between these two versions, Góngora wrote a third, which contains many *cancionero* features and is radically different from the others.

11. *distes:* "disteis". Cf. *cautivastes* for "cautivasteis" in l. 15.

Servía en Orán al Rey (p. 26)

This ballad follows the tradition of the *romance morisco*. Oran (l. 1) was captured by Cardinal Cisneros in 1509.

9. *cenetes:* warriors of the Zeneta, a Berber tribe of N. Africa; *trecientos* = "trescientos".

13–17. *las adargas . . . al enamorado:* Notice the carefully-calculated sequence which leads to the climax. The *fuegos* (l. 15) are the sentries's beacons.

33. *Vestíos . . . apriesa:* "Vestidos . . . de prisa".

45–52. According to the Chacón MS., the last eight lines are not by Góngora, though they are necessary in order to complete the sense.

En un pastoral albergue (p. 28)

This ballad is based on a passage from Ariosto, *Orlando Furioso*, canto XIX, stanzas 16–37. Angelica, the Princess of Cathay, discovers the body of the Saracen, Medoro, who has been left for dead after a surprise attack by the Christians.

9. *bien curado:* because Angelica is his nurse.

11. *sin clavarle Amor flecha:* Angelica, not Medoro, is the first to fall in love. Love is personified throughout the poem as a Cupid with bow and arrows.

NOTES TO THE POEMS

15–16. *aquella/vida y muerte de los hombres:* Angelica inspires both love and despair in men.

20. *tanta sangre paga en flores:* the notion, found in classical myth, that flowers spring from the ground on which blood has been shed.

21–4. *y la mano . . . sus colores:* "y la mano de Angélica siente al Amor que se esconde tras las rosas (tras las mejillas de Medoro), cuyos colores la Muerte va violando".

26–8. *porque labren sus arpones . . . con aquella sangre noble: arpones* are the darts of love; Angelica is a "diamond", since her heart has never until now been softened by love. The metaphor builds on the old belief that diamonds could only be made tractable by being soaked in blood. Love's darts, therefore, are the instruments with which the diamond will be reshaped.

32. *dulces escorpiones:* the sweet torments of love.

33–5. *Ya es herido . . . centellas de agua:* The "flint" of Angelica's heart is struck by Love's dart; the "sparks" which it sends forth are her tears (*centellas de agua*).

41. *Amor le ofrece su venda:* Cupid is traditionally blindfold. In Góngora's conceit, Love offers Angelica the bandage which covers his eyes in order to bind Medoro's wounds, but she prefers to use her own garments.

44. *los rayos del sol perdonen:* "may the rays of the sun forgive her" (for outshining them by exposing her body).

51–2. *que los firmes troncos . . . oyen:* an allusion to Orpheus, whose singing had the power to move inanimate objects.

53–5. *y la que . . . simple bondad:* "y la simple bondad, que se halla más fácilmente en las selvas que en la corte". The town-country contrast (true courtliness is only to be found in rustic simplicity) runs through the rest of the poem. Cf. *cortésmente* (l. 56); *Blando heno en vez de pluma* (l. 69); *lisonjeros, si no . . . murmuradores* (ll. 111–12); *mejor que en tablas de mármol* (l. 119).

60. *con dos corazones:* his own and Angelica's. Cf. *con dos almas* (l. 67).

68. *una ciega con dos soles:* Angelica is blind with love, though her eyes are like two suns.

79–80. *segunda envidia . . . Adonis:* Angelica is compared to Venus, who was the "first good fortune" of Adonis. Adonis was the first "object of jealousy" to Mars, so that Medoro may be regarded as the second.

82. *Cupidillos menores:* The humour of this phrase lies in the echo of terms like "frailes menores" ("Friars Minor").

85–8. *¡Qué de nudos . . . gemidores!:* Envy is conventionally represented as holding an asp. Here, Envy is keeping count of the lovers' caresses (compared to the cooing of doves), by tying knots in the snake.

90. *haciendo la cuerda azote:* Love drives away Envy, using his bowstring as a whip.

91. *porque el caso no se infame:* "so that the affair will not become a subject for slander".

97–8. *Tórtolas enamoradas . . . atambores:* Notice the extraordinary onomatopoeic effect achieved by the sequence of *r*-sounds. The cooing of turtle doves is compared to the music of drums, suggesting that love also is a kind of warfare. Cf. *sus bien seguidos pendones* (l. 100). *Volantes* (l. 99) were a kind of silken fringe worn on the head.

101. *Desnuda el pecho anda ella:* an example of the so-called Greek accusative construction: "naked as to the breast".

105–8. *El pie calza . . . la hermosura del orbe:* "irse por pies" means "to take to one's heels". The sense of these lines is difficult, but is probably as follows: "She binds her feet in golden laces, or sandals, to set off the whiteness (*nieve*) of her skin". The *lazos* also act as an impediment and prevent Angelica (*la hermosura del orbe*) from running away.

111–12. *lisonjeros, / si no . . . murmuradores:* another hint of the town-country contrast: the breezes flatter, even if (although) they do not spread slander. (People at court do both.)

129–33. *Choza, pues . . . valles:* This rapid summary of the basic elements of the landscape is perhaps the most striking example of this particular rhetorical device in the whole of Góngora. The only noun which does not previously occur in the poem is *vegas*.

134. *contestes:* a Latinism, meaning "witnesses".

136. *las locuras del Conde:* an allusion to Count Orlando, who, in Ariosto's poem, pursues the lovers and, driven mad by jealousy, lays waste the scene of their happiness. In the context of the whole episode, the *si puede* of l. 135 is ironical: Heaven cannot in fact protect the natural scene from the destructive madness of Orlando.

En los pinares de Júcar (p. 32)

1. *Júcar:* the River Júcar, in Cuenca, which Góngora visited in 1603.

15–16. *quizá temiendo / no la truequen las mudanzas:* The *no* is grammatically redundant. *Mudanzas* means "fickleness", but also refers to the changing figures, or variations, of the dance.

21. *impedido:* a Latinism; here, "held with", "entwined with".

23–6. *Del color visten del cielo . . . esmeralda: Palmilla* is a cloth woven in Cuenca. The girls are wearing blue (*el color del cielo . . . zafiro*), or else (*si no*) green ((el color) *de la esperanza . . . esmeralda*). The construction is: "Visten palmillas del color del cielo, si no son (del) de la esperanza".

NOTES TO THE POEMS

28. *brújula:* literally, "spy-hole". The movement of the girls' skirts in the dance allows occasional glimpses of their feet.

33–4. *el cristal . . . la pequeña basa:* Their legs are like crystal columns mounted on tiny bases (i.e. their feet).

49–52. *Bailando y partiendo . . . con perlas:* "Dancing, and cracking one pine-kernel with another, or else with (literally, 'if not with') their teeth (*perlas*)". There may also be a hint of the expression "estar uno a partir un piñón con otro": "to be close friends with someone".

53–6. *de Amor las saetas . . . por bailar:* "they like to exchange the arrows of Love for dancing or cracking *piñones*".

58. *el ciego Dios:* Cupid.

61–2. *los ojos del sol . . . pisar:* They tread on the round patches of sunlight which fall through the trees. There is also a suggestion that the girls are more beautiful than the sun, that they trample it underfoot.

Las flores del romero (p. 33)

3–4. *hoy . . . miel:* The refrain may be of popular origin; a folk-song from the Salamanca district goes: "La flor del romero, / niña Isabel, / hoy es flor azul, / mañana será miel". Blue is the colour of jealousy.

19–23. *Aurora de ti misma . . . ojos:* The girl is "her own dawn", just as her full beauty is like that of the sun. Tears (*perlas*), like dew, are appropriate in the early morning, but not later. The subject of *te eclipsan* is *ojos:* her eyes "eclipse" her pleasure by weeping.

Ándeme yo caliente (p. 34)

1–2. The poem is a gloss on a popular proverb. Cf. *Tesoro:* "refrán con que se da a entender que no siempre se ha de hacer caso del qué dirán".

8. *naranjada:* "mermelada de naranjas".

21–2. *las dulces patrañas / del Rey que rabió:* "pleasant old tales". *El Rey que rabió* appears in a number of popular sayings; cf. "ser del tiempo del Rey que rabió", "acordarse del Rey que rabió".

28. *Filomena:* Philomel, the nightingale.

33. *Leandro:* Leander swam the Hellespont by night to visit Hero, his mistress, and was eventually drowned.

39. *Píramo:* Pyramus and Thisbe, the two famous lovers of Babylon, both died by the sword, and were united only at the hour of their death. Both pairs of lovers were the subject of burlesque poems by Góngora.

No son todos ruiseñores (p. 36)

1–8. A popular song from the Salamanca area runs: "No son todas palomitas/ las que pican en el montón; / no son todas palomitas, / que algunos palomitos son". The "argument" of Góngora's poem is that the subtlest music of the countryside comes not only from the birds, but also from the sound of running water (*campanitas de plata*) and from the bees (*trompeticas de oro; dorados clarines*).

7. *los soles que adoro:* his mistress's eyes.

9. *sirenas con plumas:* birds. Cf. *aquel violín que vuela* (l. 23); *esotra inquieta lira* (l. 24). If the birds are "sirens", the poplar trees are their "sea" (*húmidas espumas*).

36. *en coronados jazmines:* The jasmines are "crowned" by the bees which hover above them.

37. *los dos hermosos corrientes:* the two streams of music, the running water and the bees. *Corriente* was often masculine in the seventeenth century.

38. *no sólo recuerdan gentes:* "not only rouse people (to their music)".

Ánsares de Menga (p. 37)

10. *hija de Pascual:* i.e. a mere peasant's daughter.

16. *la que fue espuma:* Venus, who was born of the sea.

24. *desnuda el pie bello:* a Greek accusative ("naked as to ... ").

25–8. *granjeando en ello ... cristal:* "through the girl's action (*en ello*), the geese and the stream acquire (*granjean*) the whiteness of ivory". Notice how the sense is made to run into the *estribillo*.

30–2. *cuando dirás* (= "dirías") *que:* "you would say that her foot is dissolved, that it is transformed into the brightness of the stream—but it is not".

35–6. *los viste ... cristal: los* refers to the geese, *le* to the stream.

Hortelano era Belardo (p. 40)

5. *hebrero:* "febrero".

19. *lo verde del alma:* "the youthfulness of their souls".

25. *las opiladas:* women suffering from the common seventeenth-century ailment known as oppilation, one of whose symptoms was a yellow complexion. It was often brought on by the fashion of chewing certain kinds of soft clay, or *búcaro*; celery, iron-water and early-morning walks were among the remedies prescribed.

29. *lechugas:* Lettuce was supposed to diminish sexual appetite.

34. *trujo:* "trajo".

39. *el sombrero boleado:* a type of hat with a round crown and round tassels ("bolillos") hanging from it.

55. *sobre que:* here, "after".

NOTES TO THE POEMS 215

75. *que reinaba en Troya:* It was Helen who "reigned in Troy"; the line is an oblique reference to Elena Osorio, at one time Lope's mistress. The last four lines are an allusion to the troubles which she brought on him (a lawsuit, followed by exile in Valencia).

La Niña a quien dijo el ángel (p. 43)

This poem occurs in Lope's religious novel, *Los pastores de Belén* (1612).

Suelta mi manso, mayoral extraño (p. 44)

This sonnet is written against the background of Lope's love for Elena Osorio, who had left him for a man of higher social rank, the Conde de Perrenot. The personal details are completely absorbed into the pastoral situation of the poem, though the difference of social standing explains a phrase like *de tu igual decoro* (l. 2) and the contrast between *esquila de labrado estaño* and *tus collares de oro* (ll. 5–6).

1. *manso:* here, "gentle" or "tame" (sheep).

14. *aun tienen sal:* Cf. the opening of another sonnet in the same group "Querido manso mío que venistes / por sal mil veces ...".

Si verse aborrecido el que era amado (p. 45)

8. *un amor forzado:* a love which is "forced" or assumed, and therefore lukewarm (*tibio*), in contrast to the true love of the previous line.

Cuelga sangriento de la cama al suelo (p. 45)

This poem is based on the episode related in the apocryphal book of Judith, chs. 13–14. Judith, a young widow of Bethulia, helped to save the Israelites by killing Holofernes, the general of the Assyrian army. The strongly pictorial effect of the poem is achieved partly by the way in which certain details (*el hombro diestro, el rojo velo ... descubre, Vertido Baco,* etc.) are thrown into relief, partly by the panoramic vision in which the open tent and the Israelites on the wall of the city are juxtaposed.

4. *despidió contra sí rayos al cielo:* The tyrant's right arm hurled rays of lightning at the heavens, but they fell back on him, so that he brought about his own destruction.

9. *Vertido Baco:* "spilt wine".

12–13. *la muralla coronada/del pueblo de Israel:* The wall of the city is "crowned" by the Israelites who are grouped on top of it.

13. *la casta hebrea:* Judith, holding up the head of Holofernes as if it were a weapon (*con la cabeza ... armada*).

Cuando me paro a contemplar mi estado (p. 46)

1–2. The first line, and part of the second, are taken from the opening of a sonnet by Garcilaso de la Vega.

10. *al débil hilo:* a reference to the thread of Ariadne which guided Theseus through the Cretan labyrinth. The *monstruo* of l. 13 suggests the Minotaur.

13. *el monstruo . . . engaño:* "el monstruo de mi ciego engaño (ya) muerto".

Pastor que con tus silbos amorosos (p. 46)

1. *Pastor:* The poem is addressed to Christ on the Cross.

3. *tú que hiciste cayado de ese leño:* Christ, as shepherd, has made the Cross into a crook with which to guide his flock.

14. *si estás para esperar los pies clavados?:* "if you are compelled to wait by the nails driven through your feet". Cf. the similar conceit in a poem by Francisco de Aldana (1537–78): "No me podéis hüir porque estos clavos / que os cosen a ese palo me aseguran / que me habéis de esperar, aunque me tarde" (*Canción* III, ll. 23–5). The same topic is found in the Blessed Juan de Ávila (1500–69), *Tratado del amor de Dios . . .* , para. 6: "(tienes) los pies enclavados para esperarnos y para nunca te poder apartar de nosotros", and can be traced back as far as St. Bonaventure (1221–74).

Despierta, ¡oh Betis!, la dormida plata (p. 47)

1. *Betis:* the River Guadalquivir.

3. *Sénecas:* The two Senecas, Seneca the Elder (*c.* 55 B.C.– A.D. 37) and his more famous son, the Stoic philosopher (*c.* 4 B.C.–A.D. 65), were born in Córdoba.

5–8. *repite soledades . . . al polifemo ingenio:* an allusion to Góngora's two most famous poems; *polifemo*, used as an adjective, suggests not only "superhuman", but also the original sense of the word in Greek: "many-speaking", i.e. "eloquent". Of the three Fates in Greek mythology, it is Atropos who cuts the thread of life.

11. *en cláusula final:* Cf. *Tesoro:* "Cláusula: el período o razón entera en la escritura, que contiene en sí entero sentido, sin que se deje palabra otra ninguna". Lope almost certainly intended the phrase as an echo of Góngora's own *culto* style. Cf. the description of the river in the original version of the *Soledad primera* (later omitted): "islas, que paréntesis frondosos / al período son de su corriente".

A mis soledades voy (p. 48)

1. The *Romancero general* of 1604 contains an anonymous song which begins "A la villa voy, / de la villa vengo . . . ". Lope's poem appears in Act I, sc. iv of *La Dorotea*; the tradition to which it belongs has been studied by K. Vossler in *La soledad en la poesía española*, Madrid, 1941, and by L. Spitzer (*Revista de Filología Española*, XXIII, Madrid, 1936, pp. 397–400).

NOTES TO THE POEMS   217

7-8. *que con venir de mí mismo . . . más lejos:* i.e. "the longest journey I ever have to make is from one thought to another".

21. *que yo lo soy:* "que yo soy necio".

24. *en un sujeto:* "in the same individual".

29-30. *O sabe Naturaleza . . . tiempo:* "Either Nature knows more than it used to . . . ".

33. *"Sólo sé que no sé nada":* "Hoc unum scio, me nihil scire" is the Latin version of a saying often attributed to Socrates.

45. *del jüicio:* "of (the approach of) Judgement Day"; *le* in the next line refers to *juicio* = "reason".

47-8. *unos por carta de más . . . de menos:* "some by excess, others by deficiency".

50. *se fue la verdad al cielo:* a reminiscence of Ovid, *Metamorphoses*, I, 50: "Ultima caelestum terras Astraea reliquit". Astraea was the goddess of truth and justice.

53-6. *En dos edades vivimos . . . los nuestros:* "We (men) live in two different ages, one for ourselves and another for foreigners; foreigners live in an age of silver, our own people in one of copper". In classical myth, the world passed through four successive ages—gold, silver, bronze and iron—each inferior to the last. The general sense here is that Spain is impoverished compared with other nations; there is perhaps also an allusion to the copper currency (the *vellón*) which was introduced in 1599 as a desperate measure to stave off national bankruptcy; by the time it ceased to be minted in 1626, the country was flooded with valueless coins.

59-60. *los hombres a lo antiguo . . . moderno:* "men as they always were (i.e. with their unchanging natural demands) and values at their present-day level".

63-4. *de medio arriba romanos, / de medio abajo romeros:* "Romans in the upper half, pilgrims in the lower", i.e. "they are half Romans (since they dress well and put on a fine appearance) and half pilgrims (who traditionally complain of the prices they are charged for lodgings and food)".

65-8. *Dijo Dios . . . su mandamiento:* Cf. Genesis iii, 19: "In the sweat of thy face shalt thou eat bread . . . ".

71-2. *con las prendas de su honor / han trocado los efe(c)tos:* "by pawning their honour have reversed the effects", i.e. they have altered the situation, since they pawn their honour to eat, instead of working.

79-80. *la mejor vida, el favor . . . dinero:* "la mejor vida *es* el favor . . . " etc.

81-4. *Oigo tañer las campanas . . . muertos:* "I hear the church bells ring, and I am not surprised, though I might be, that in a place (a country) that has so many crosses there are so many dead". The sense seems to be that the outward show of religion—bells, crosses on church spires—is no sign of inner vitality. The bells summon to Mass, but they really toll for a funeral, and *cruces* also suggests the funeral cross in burial processions and the crosses on tombs.

88. *que no lo fueron:* "que no fueron eternos".

90. *en ellos:* "en los sepulcros".

94. *que la tengo:* "que tengo envidia".

96. *pared en medio:* "in the next house".

107–8. *nunca . . . firmaron / parabién, ni pascua dieron:* "never signed letters of congratulation, nor gave gifts".

¡*Pobre barquilla mía* (p. 51)

This poem occurs in Act III, sc. vii of *La Dorotea*.

13. *Igual en las fortunas:* "Igual a las ondas . . . ".

32. *hasta que dejó la concha:* i.e. until it became a marketable commodity.

48. *fortunas:* here, "desventuras".

60. *derrota:* here, "course".

75–6. *Faetonte de barqueros . . . lloran:* Phaeton, son of Zeus, was given permission to drive the sun's chariot for a single day. He lost control and, to save the earth from destruction by the sun's heat, Zeus struck him with a thunderbolt and he plunged into the waters of the Eridanus. Phaeton's sisters, the Heliads, came to weep beside his grave and were changed into poplar trees. Here, the poplars are replaced by laurels, the symbol of poetic fame, already referred to in l. 69.

86. *la vulcana forja:* "the forge of Vulcan", the smith of the Greek gods, who was believed to create lightning.

89. *Contenta:* refers to the woman (now dead) to whom the poem is addressed.

94. *se afeitaba:* here, "made up her face with . . . ".

95. *te llenaban:* here, "filled your nets".

104. *la celestial antorcha:* the sun.

114. *las fijas luces:* In the geocentric system of Ptolemaic astronomy, the "firmament of the fixed stars" lay beyond Saturn, the furthest of the planets from Earth.

Unos ojos bellos (p. 56)

In this poem, the girl is speaking of Christ. This accounts for many of the details, e.g. the fact that the person referred to has wept for her sins (l. 7) and the line *Ya no vivo en mí* (l. 25), which recalls the more famous verse, "Vivo sin vivir en mí", glossed by both Santa Teresa de Jesús and San Juan de la Cruz.

Entra mayo y sale abril (p. 56)

11. *su Esposa:* the human soul.

14. *sayo:* here symbolizing the womb.

Porque está parida la Reina (p. 57)

1. *Porque está parida la Reina:* "Because the Virgin has given birth".

2. *corren toros y juegan cañas:* Cf. *Autoridades:* "Correr toros: fiesta antiquísima y muy celebrada en España: cuyo regocijo consiste en lidiar los toros en las plazas a caballo, con vara larga o rejón: y también a pie se les hacen suertes con la capa, lienzo o otra cosa semejante, o poniéndoles banderillas o garrochas".

4. *Jarama:* the area to the N.E. of Madrid through which the River Jarama flows, famous for its bulls.

6. *nadie corrió sin desgracia:* Cf. *Autoridades:* "Correr con desgracia: no tener fortuna en lo que se intenta". The reference here is to original sin.

11. *ya después desjarretados:* "once the bulls had been hamstrung"—one of the recognized stages in a seventeenth-century *corrida*.

12. *Gabriel:* the archangel Gabriel.

17. *El Amor saca (el) un puesto:* "Love leads out his *cuadrilla*" (the bullfighter's team of assistants).

19. *en que el Rey:* The *en* seems superfluous here.

35. *la parida:* the Virgin.

48. *a la trapa:* Cf. *Autoridades:* "Trapa: ruido de los pies, o vocería grande con alboroto y estruendo. Comunmente se repite la voz, para mayor expresión".

53. *los dos puestos se dividen:* "the two *cuadrillas* (one headed by Love, the other by Grace) divide up".

55-6. *huevos / llenos de olorosas aguas:* pomanders or balls of perfume, carried by society ladies to ward off bad odours.

58-60. *con una caña ... pesada:* The *caña* was a small lance used in bullfighting. The pun is a reference to the Crucifixion; cf. *Tesoro:* "por hacer burla de Cristo nuestro Redentor le pusieron una (caña) en las manos, y, teniéndole coronado de espinas, le saludaban, diciéndole: *Ave Rex Iudaeorum*".

61-8. The devices on the shields are familiar biblical images, all associated in medieval typology with the Virgin Mary: the dove with the olive branch, the rainbow of the Covenant, the ark, Jacob's ladder, the burning bush. The *vellocino seco* is the fleece of Gideon (Judges vi, 37-40), which remained free from dew (*perlas del alba*) as a sign of God's favour to the Israelites.

85-8. *"Arrojóme las naranjitas ... a arrojar"*: Part of a popular song which appears in a sixteenth-century MS. (*Tonos castellanos*) from the Library of the Palace of Medinaceli in the following form: "Arrojóme las naranjicas / con los ramos del blanco azahar; / arrojómelas y arrojóselas / y volviómelas a arrojar".

95. *que es Belén casa de pan:* The name "Bethlehem" literally means "house of bread". The stable becomes a *panadería* (l. 93), since it contains the infant Christ (*el Pan que los harta*).

97-100. *Exultate ... cum cythara:* The first two verses of Psalm 81 in the Authorised Version: "Sing aloud unto God our strength: make a joyful noise unto the God of Jacob. Take a psalm, and bring hither the timbrel, the pleasant harp with the psaltery".

Damas con escuderos grandalines (p. 61)

1. *grandalines:* an adjective formed from "Grandalín", a name sometimes given to pages in the novels of chivalry.

3. *que por oremos en el papo nostro:* The phrase is partly a parody of the Lord's Prayer ("Pater noster ... "), but probably also suggests amorous conversation, i.e. a blasphemous kind of "devotion". The exact sense of the line, if it has one, is obscure. *Papo* is the part of a sixteenth-century headdress which covers the ears; "hablar papo a papo" means "hablar en igualdad y desenfado" (*Tesoro*). The sense may be "who on account of what ladies whisper to them in private".

4. *más mudanzas harán que matachines:* "will go through more convolutions than *matachines*". The *danza de los matachines* was a lively sword-dance, often with grotesque movements. *Mudanzas* here implies both fickleness and the variations of the dance.

5. *bocas de fuego como serpentines: Serpentines* were a type of sixteenth-century cannon; *bocas de fuego* also normally refers to firearms, but here seems to imply people with loud mouths and fiery tongues.

6. *al murmurar:* "when they speak slander". *Fiero monstr(u)o* probably refers to jealousy: they worship jealousy, as the cannons worship the god of war.

7. *versistas desmembrando el Ariosto:* "bad poets plundering the works of Ariosto".

8. *matando, y no su miedo, espadachines:* "ruffians killing other men, but not their own cowardice".

NOTES TO THE POEMS

9. *apretantes diez mil buscando gangas:* Cf. *Tesoro:* "Apretantes, los jugadores redomados y sagaces, que cuando les parece ocasión aprietan al contrario con los envites y el resto". *Buscando gangas* means "pursuing illusions or worthless objects".

11. *caballos que en comer saben de freno:* "horses (so poorly kept) that when they eat all they taste is their own bit".

12. *que hacen mangas:* Cf. *Tesoro:* "Hacer un negocio de manga o ir de manga, es hacerse con soborno".

14. *aqueste valle ameno:* The poem is a satire on the society of Valladolid, where the Court was in residence from 1601 to 1606.

De tu muerte, que fue un breve suspiro (p. 63)

6. *procurado:* "solicited", "obtained with difficulty".

13–14. *lo que nunca esperé . . . un bien violento: Lo que nunca esperé* is perhaps "tranquillity". The speaker is dying of grief; death, though in one sense an evil (*mal*), will put an end to this grief; it can therefore be regarded as a benefit (*bien*), though a violent one.

Amadas luces puras (p. 64)

12. *colgado del cabello de un deseo:* Cf. Garcilaso, *Son.* XXXIV. ll. 5–6: "Veré colgado de un sutil cabello / la vida del amante . . . ".

14. *al tiempo que sentí que no sentía:* "at the time when I felt that I had lost the power to feel". A reminiscence of the type of word-play common in fifteenth-century *cancionero* poetry.

30. *águilas de luz:* Traditionally, eagles have the power to look into the sun without being dazzled.

Después que en tierno llanto desordena (p. 66)

Adonis, the lover of Venus, was killed in jealousy by the god Mars, who changed himself into a wild boar. After his death, Adonis was transformed into an anemone.

2. *Citerea:* Venus.

4. *el bosque Idalio:* the woods of Mount Ida, the scene of the judgement of Paris.

5–6. *sobre . . . hermosa:* "más hermosa que . . . ".

Crece el insano amor, crece el engaño (p. 67)

2. *del que en las aguas:* Narcissus fell in love with his own reflection, and was transformed into the flower which bears his name.

6. *el fuego:* the fire of love.

12. *en flor purpúrea:* "purpúreo", like Latin "purpureus", sometimes means "bright", without any colour implications.

13-14. The water which was the cause of Narcissus's death gives life to the flower.

Si pudo de Anfión el dulce canto (p. 67)

1. *Anfión:* Amphion, the son of Zeus and Antiope, fortified the city of Thebes; the magic sounds of his lyre caused the stones to move into place of their own accord.

4. *el tracio:* "the Thracian", i.e. Orpheus, who descended into Hades, protected by his magical singing (*la voz regalada* ...). His music also had the power to tame animals and to hold back rivers (ll. 9-11).

Si pena alguna, Lamia, te alcanzara (p. 70)

A free translation of Horace, II, viii: "Ulla si iuris tibi peierati ...".

9-11. *falta ... falta ... falta:* The repeated imperative emphasizes the mounting current of indignation.

13-14. *cuánto número confíe / de mozos:* "cuánto número de mozos confíe".

21-2. *de ti la madre ... hijo:* "because of you, the mother fears for the son she loves".

¿Ves, Fabio, ya de nieve coronados (p. 70)

A free imitation of Horace, I, ix: "Vides ut alta stet nive candidum ...".

7. *¡y qué a sabor las asa: las = las batatas* ("patatas") (l.10). Medrano has replaced the "Sabine wine" of the original by *Alicante* (l. 8).

21-2. *Y mientras ... verdores:* "Y mientras el tiempo no marchita tu edad y tus verdores con rigurosas nieves".

33-4. *risueña ... dice, y turbada:* "dice, risueña y turbada".

36. *malrebelde:* Medrano is fond of this type of compound. The original has "male pertinaci".

Ya, ya, y fiera y hermosa (p. 72)

This poem imitates passages from three separate odes. The first four lines are based on Horace, IV, i. 1-5; ll. 21-4 and 25-9 on I, xix, 9-10 and 5-7; ll. 33-40 on II, xii, 21-8.

2. *madre de los amores:* Venus, to whom the poem is addressed.

21. *Su Cipro:* Cyprus, traditionally identified with Cytherea, the island of love.

23. *Ida:* Mount Ida, in Greece, where the judgement of Paris took place.

31. *Mongibelo:* Etna.

NOTES TO THE POEMS

No inquieras cuidadoso (p. 73)

The starting-point of this poem is Horace, II. xi: "Quid bellicosus Cantaber et Scythes ...", though most of it is original.

6–10. *la vida ... contenta:* The sense is "la vida, que un pequeño censo (un pequeño capital) podrá hacer contenta si, con tu profundo seso, la reduces del profano exceso a una grandeza modesta".

25. *tú:* This line is addressed to the sun.

26–7. *en la luna / no un semblante hallamos:* "we do not find a single face in the moon", i.e. the moon's face is inconstant, since it waxes and wanes.

34. *Betis:* the River Guadalquivir.

38. *de espacio:* "despacio".

41. *como rogando:* "as if asking a favour".

46–7. *lenta- / mente:* Cf. Luis de León, *La vida retirada,* l. 76: "miserable-/ mente". The splitting of the word brings out the sense of slowness and effort. (Dámaso Alonso has noted how "el movimiento en sesgos—movimiento del río, movimiento del barco—se imita en el ritmo de los versos" (ed. cit., p. 290).) The oscillating movement—as well as the mood of the situation— is also suggested by the unusual juxtaposition of *apriesa* ("de prisa") and *lentamente.*

52. *Julio:* Julius Caesar.

56. *bose:* "rebose"; *búcaro* is an earthenware pitcher.

No sé cómo, ni cuándo, ni qué cosa (p. 75)

Dámaso Alonso comments on the apparently mystical imagery of this poem: "(Medrano) no hace más que devolver al plano de la realidad concreta y del amor humano, desalegorizándolas, quitándoles su valor metafórico, unas imágenes que la mística se había apropiado hacía mucho tiempo. Es el desdoblamiento del proceso que emplean los poetas a lo divino" (ed. cit., p. 170).

13. *el que puede abarcar solo el sentido:* "that which the senses alone can encompass".

Estos, Fabio, ¡ay dolor! que ves ahora (p. 76)

3. *Itálica:* The ruins of the Roman city of Italica, built by Scipio Emilianus, lie just outside Seville.

19. *impio honor:* "unholy", because the gods were pagan.

37. *Trajano:* the Emperor Trajan, born *c.* A.D. 53.

41–3. *Aquí de Elio Adriano ... peregrino:* The references are to Aelius Hadrianus, the Emperor Hadrian, who succeeded Trajan in A.D. 117; to

Theodosius I, Emperor from 379–95; and to Silius Italicus (*c.* A.D. 25–101), the epic poet. It is doubtful whether any of these was born in Italica, and Hadrian and Silius almost certainly came from Italy.

56. *Némesis:* Fate.

64. *Minerva:* the Roman name for Pallas Athene, the goddess of war and the arts, and protectress of the city of Athens.

74. *religión:* a Latinism here, "superstition".

87. *manes:* the spirits of the dead, worshipped as household gods.

91. *dulce noticia asaz si lastimosa:* "noticias bastante dulces, si lastimosas".

95. *Geroncio:* Gerontius, a first-century missionary who preached in the Peninsula and became Bishop of Talco (Seville); he died in prison and subsequently was proclaimed a martyr and canonized.

Montes de nieve son los que de flores (p. 80)

1. *los que de flores:* "los que, montes de flores".

12. *su imperio:* the earth.

Tan dormido pasa el Tajo (p. 81)

16. *a quien sobre arenas duerme:* "Dormir sobre arenas" means "to sleep soundly". Toledo is built on a rock; the river runs over sand, so that only a rock can awaken it.

26. *que no fue poco el tenerle:* "for it was of no small advantage to him that he had an instrument".

27. *las:* "las aguas".

Nereidas, que con manos de esmeraldas (p. 83)

1. *Nereidas:* Nereids, sea nymphs.

9–10. *así ... no os aparte:* "while ... does not take you from".

10. *aquel dios que en Eolia mora:* Aeolus, god of the winds, whose home was on the island of Lipari, or Aeolia.

Tiran yeguas de nieve (p. 86)

San Raimundo de Peñafort, or Ramon de Penyafort (*c.* 1180–1275), was a Catalan of noble birth who in middle age entered the Dominican Order and eventually became its General. He was chief adviser to Pope Gregory IX and was one of the most important jurists of his time. In the legend which forms the basis of the poem, San Raimundo rebuked King Jaime I for committing adultery (the *pecado* of l. 112). When the king refused to obey, San Raimundo left him, intending to sail from Majorca to Barcelona. The king refused to allow any ship to carry the saint, who miraculously completed his journey sailing on a cloak.

3. *sobre que:* "sobre el cual".

4. *de quien:* "de las cuales".

7. *génuli:* lemon-yellow.

21. *vido:* "vio"; *canoa* is used loosely here of the cloak on which San Raimundo is sailing.

29. *Doris:* a sea nymph, the mother of Galatea.

45. *acije:* "aceche" ("copper sulphate"). The horses, being sea creatures, were blue.

48. *sanguinos:* "sanguíneos" ("blood-coloured").

65. *Tritón, Forco y Proteo:* the sea gods Triton, Phorcys and Proteus. *Nereo* ("Nereus") (l. 68) is another.

72. *discante:* a stringed instrument, similar to the guitar, but with only four strings.

117. *don Andrés de Córdoba:* An Andrés de Córdoba is mentioned as one of the witnesses who testified to Góngora's *limpieza de sangre* when he was ordained in 1586.

120. *la virgen Panopea:* one of the Nereids, or sea nymphs, famous for her wisdom and chastity.

Pregona el firmamento (p. 89)

1. *Pregona el firmamento:* Cf. Psalm 19, v. 1: "The heavens declare the glory of God; and the firmament sheweth his handywork".

6–8. *y todo cuanto veo ... me inflame:* Cf. St. Augustine, *Confessions*, x, 6: "But, see, heaven and earth and all that therein is are telling me to love you...".

9. *mas mayor que mi amor es mi deseo:* "my desire to love God is greater than my actual love".

14–16. The basis of all these images is to be found in a passage such as the following from Fray Luis de Granada: "Poned los ojos en la azucena, y mirad cuánta sea la blancura de esta flor, y la manera que el pie de ella sube a lo alto acompañado con sus hojicas pequeñas, y después viene a hacer en lo alto una forma de copa, y dentro tiene unos granos de oro, de tal manera cerrados que de nadie puedan recibir daño" (*Introducción al Símbolo de la Fe, Biblioteca de autores españoles*, vol. 6, Madrid, 1922, p. 205).

20–1. *y el hermoso decoro / que guardan los claveles:* The flowers are seen, not only in their physical aspect, but as examples of divine order. Cf. ll. 43–4.

24–6. *¿De qué son tus pinceles ... lirios?:* The suggestion is that the work of God is superior to human artifice. Cf. ll. 14–16.

30–1. *y los que ... trémulos:* "y los blancos diamantes (las estrellas) que adornan el cielo como engaste".

32–3. *¿Y el que ... desasosiego?:* "y el claro desasosiego que tiene el fuego que busca el centro (de la tierra)".

34–9. *¿Y el agua ... que tormentas cría?:* There is a suggestion here of Nature as an allegory of the corruption of Man. Man's soul is as cold and unstable as water; *viento hinchado* suggests swollen ambition, and the waves are turned white *no por la edad, por pleitos y porfia*, like the man who is vexed by others' importunities. The construction of the last three lines is "¿Y el viento hinchado que tormentas cría, y que, animoso ... ?".

43–4. *que los mares encierra ... los resiste?:* The verbs here emphasize the sense of divine ordering.

51 *¡Ay! tu olor me recrea:* Significantly, *tu olor* refers to God, not to nature; the lines which follow emphasize the need to see beyond the creatures to God Himself.

55–62. *¿En dónde estás ... que deseo?:* There are reminiscences in this passage of both Isaiah xlv, 15: "Verily thou art a God that hidest thyself" and Solomon iii, 1–3: "I sought him which my soul loveth: I sought him, but I found him not". (Because of the common sources, there is a certain similarity to the opening stanza of the *Cántico espiritual* of San Juan de la Cruz.)

Levanta entre gemidos, alma mía (p. 91)

In the first half of this poem, the allusions to the Song of Solomon (*amante regalado*, etc.) are reinforced by a more general mystical vocabulary, involving paradox (*sabroso fuego; fuego bravo y suave*) and images of burning and wounding.

13–14. *El generoso vino ... de tu botillería:* The idea of God as the owner of a *botillería* or wine-shop belongs to a popular devotional tradition which is constantly used by sixteenth-century religious writers (see Introduction, p. xix). In the doctrine of prefiguration, Old Testament references to wine are transferred to Christ; cf. Luis de León, *De los nombres de Cristo:* "Otras veces se llama *aposento de vino*, como en el libro de los *Cantares* (the reference is to Solomon ii, 4) ... como quien dice amontonamiento y tesoro de todo lo que es alegría" (*Clásicos castellanos* ed., II, 231). The "wine", of course, is the blood of Christ.

18. *ni yo me hallé en mí, ni en mí está (el) alma:* Cf. the words of St. Paul, quoted by San Juan de la Cruz in the *Cántico espiritual:* "tiene el alma su vida radical y naturalmente ... en Dios. Según aquello de San Pablo que dice: *En él vivimos y nos movemos y somos ...*" (*Clásicos castellanos* ed., p. 67).

NOTES TO THE POEMS

20–1. *¿Cuándo me veré ciego / que Tú veas con mis ojos?:* Cf. Job xxix, 15: "I was eyes to the blind, and feet was I to the lame".

22–3. *¿Cuándo ... los jazmines de mayo?:* The sense is that the speaker desires to know God in such a way that the spectacle of nature, divorced from the Divine Presence (*fuera de Ti*) will be intolerable.

34–9. *Tú que los campos vistes ... de las espigas:* As in the central passage of *Psalmo* I, beauty is linked with order. *Ingeniosas libreas* suggests beauty achieved through artifice. *Concedes el honor de las espigas* refers metaphorically to the ants which steal the seeds of corn for their own sustenance by making them sterile.

40–1. *¿por qué de mí te olvidas ... voy perdido?:* If God has apparently forgotten the speaker, the latter has also forgotten himself (cf. *ni en mí está el alma*) in his search for God. *Voy perdido* has a double meaning: the soul is lost until it knows God's whereabouts; but for this to be even possible it has had to renounce its own identity—to "lose itself" in a second sense.

43–7. *como ausente tórtola ... o cual herido ciervo:* The dove mourning for its mate is a common folk-lore motif, and the stricken deer is a familiar symbol in heraldry and emblem literature. Both occur in the *Cántico espiritual* of San Juan de la Cruz (ed. cit., pp. 69 and 257), though there is no reason to suppose a direct influence.

52. *Tarde he venido a amarte:* This is the *Sero te amavi* of the Tenth Book of St. Augustine's *Confessions*, though Espinosa may have read it in the apocryphal *Soliloquies*, published in Spain in a number of sixteenth-century editions. The passage in question runs: "Tarde te amé, oh hermosura tan antigua y tan nueva, tarde te amé y tú estabas de dentro y yo de fuera y aquí te buscaba ... Rodeaba todas las cosas buscándote".

58. *ninguna:* "ninguna cosa".

¡Un año más, Señor, con tanto día (p. 94)

6. *en tiempo:* "at its proper season".

10. *donde no habrá más paso:* "which there will be no going beyond".

No me mueve, mi Dios, para quererte (p. 96)

4. *para dejar:* "para que (yo) deje"; *por eso:* "because of this fear".

12. *No tienes que me dar:* "No tienes que darme (cosas)".

¡Ah de la vida!". .... ¿Nadie me responde? (p. 99)

1. *"¡Ah de la vida!":* This dramatic cry echoes the more familiar expression "¡Ah de la casa!", used to summon servants. *¡Aquí de ...* , in the next line, answers the summons.

7. *Falta la vida, asiste lo vivido:* "Life is absent; (only) that which I have lived is present".

14. *presentes sucesiones de difunto: Sucesiones* suggests both "sequences" and "heirs". Cf. the following passage from a letter to Manuel Serrano del Castillo, written in the summer of 1635: "Mi infancia murió irrevocablemente; murió mi niñez, murió mi juventud, murió mi mocedad; ya también falleció mi edad varonil. Pues ¿cómo llamo vida una vejez que es sepulcro, donde yo propio soy entierro de cinco difuntos que he vivido?" (*Epistolario*, ed. L. Astrana Marín, Madrid, 1946, p. 317). Hence: "being merely a succession of deaths, all present in me".

Ya formidable y espantoso suena (p. 100)

9–10. *¿Qué pretende el temor desacordado / de la que:* "What does fear look to gain from death (*de la que* . . .)?".

14. *y mi vivir ordene:* "and bring order to my living".

Miré los muros de la patria mía (p. 100)

1. *patria:* "native land", but also "birthplace", "ancestral home". There may be a reminiscence of Ovid, *Epistulae ex Ponto*, I, iii, 33–4: "optat / fumum de patriis posse videre focis", imitated by Joachim du Bellay (1522?–60), whom Quevedo had read. Cf. the sonnet "Heureux qui, comme Ulysse, a fait un beau voyage", ll. 5–8: "Quand revoiray-je, hélas, de mon petit village / fumer sa cheminée, et en quelle saison / revoiray-je le clos de ma pauvre maison . . .".

7–8. *y del monte . . . al día:* "y los ganados quejosos del monte que con sus sombras hurtó la luz del día".

Todo tras sí lo lleva el año breve (p. 101)

14. *mas si es ley, y no pena, ¿qué me aflijo?:* "but if death is a universal law and not a punishment for the individual, why should I be distressed?"

¡Cómo de entre mis manos te resbalas (p. 101)

5. *Feroz . . . escalas:* "Escalas, feroz, el débil muro de tierra".

8. *atiende el vuelo, sin mirar las alas:* "(my heart) awaits the last day's flight, without considering its wings"; perhaps "without making sure that its wings are in good condition". There is a play of meaning here, since "las alas del corazón" are the auricles, or upper cavities, of the heart, so-called because of their shape.

11. *sin la pensión:* "without paying the price".

13. *ejecución:* "deed of execution" in the legal sense.

NOTES TO THE POEMS

Buscas en Roma a Roma, ¡oh peregrino! (p. 102)

A free imitation of the sonnet by Joachim du Bellay, "Nouveau venu, qui cherches Rome en Rome . . .", itself based on a Latin epigram by Janus Vitalis (1434–72). Both the Latin poem and Quevedo's sonnet are quoted in Boswell's *Life of Samuel Johnson*, entry for April 9th, 1778.

1. *Buscas en Roma a Roma:* "You seek for Imperial Rome in the present-day city". The Aventine (l. 4) and the Palatine (l. 5) are two of the seven hills of Rome. The original nucleus of the city was built on the Palatine Hill.

10–11. *si ciudad la regó . . . la llora:* "if it watered Rome when it was an Imperial city, it weeps for it now that it is a tomb".

14. *lo fugitivo:* the waters of the Tiber.

Mandóme, ¡ay Fabio!, que la amase Flora (p. 102)

(See the discussion of this poem in the Introduction, p. xxvi).

5. *el humano afecto:* "the power of the senses". (Cf. the *afecto sensitivo* of the title.)

6. *goza el entendimiento:* "the understanding enjoys". There is an irony here, since *gozar* is normally used of physical enjoyment.

6–7. *amartelado / del espíritu eterno:* both "in love with the eternal spirit" and "wooed (and tormented) by the eternal spirit".

8. *el claustro mortal:* the body.

En crespa tempestad del oro undoso (p. 103)

(See the discussion of this poem in the Introduction, p. xli).

1–4. *En crespa tempestad . . . generoso:* Notice how the woman's hair is described in terms of both light and water, which lead respectively to the examples of Icarus and Leander in ll. 5–8. The terms are made to overlap: thus *crespa* applies to the waves of the hair and the waves of the sea; *golfos* suggests both sea and air. *Sediento de hermosura* also prepares for the allusion to Tantalus in l. 14.

5. *Leandro:* see note to *Ándeme yo caliente*, l. 33 (p. 213).

7. *Ícaro:* Icarus and his father, Daedalus, were the first men to attempt to fly. Icarus flew too near the sun; the wax which secured his wings melted and he fell to his death in the Hellespont.

9–11. *Con pretensión de fénix . . . vidas:* The subject of *intenta* is *corazón* (l. 3). The sense of these lines is: "Trying to emulate the Phoenix by setting its hopes on fire (whose death I mourn), my heart attempts through its death to engender new lives".

13. *Midas:* Midas, king of Phrygia, is a traditional symbol of greed. Bacchus granted him his wish that everything he touched should turn to gold, and he was only saved from starvation by the intervention of the god.

14. *Tántalo:* see note to *La dulce boca que a gustar convida*, l. 12 (p. 208).

En breve cárcel traigo aprisionado (p. 104)

1. *En breve cárcel:* The portrait is "imprisoned" in the ring.

6. *las fieras altas:* the constellations which are named after animals.

8. *parto mejorado:* "a better birth" (than that of the sun at dawn).

10–11. *perlas que ... hielo:* The nouns which follow all relate to the living woman: "pearls (= teeth) which, (set) in a diamond (the woman's unyielding nature), through rubies (= lips) disdainfully utter icy words ...".

13. *relámpagos de risa carmesíes:* "laughter like flashes of crimson lightning", or rather "crimson lightning-flashes of laughter" (crimson because they come from her lips).

Cerrar podrá mis ojos la postrera (p. 104)

Notice the insistent logical structure of the whole poem: *podrá ... y podrá ... mas no ... dejará*, leading to the assertion *nadar sabe ... y perder ...*, which is taken up again in the final tercet: *dejará ... serán ... mas tendrá ... serán ...* This assertiveness is part of the general tone of defiance, the attempt to "prove" something which is known to be logically impossible, which runs through the poem.

5. *de esotra parte en la ribera:* "on the further shore of the river (Lethe)".

7. *mi llama:* "la llama de mi amor". A similar image occurs in a sonnet by Gutierre de Cetina (1514/17–1554/57), "Por vos ardí, señora, y por vos ardo", ll. 12–14: "Bien podrá de mí muerte haber la palma, / mas después se verá, cual es ahora, / pasar el fuego mío allá de Lete". Cetina's poem in turn is an imitation of Tansillo's sonnet LXVII: "Io arsi per voi, donna, e per voi ardo". In its rhetoric and general sense, Quevedo's sonnet also recalls the one by Luis de Camoens (1524–79) beginning "Si el fuego que me enciende, consumido ...". The structure of ll. 9–11 resembles that of a passage in Camoens's *Égloga* V: "Olhos, que viram tua formosura; / vida, que só de ver-te se sustinha; / vontade, que em ti estava transformada; / alma, que essa alma tua em si só tinha ..." (ll. 218–21). The best-known parallel, however, is the opening passage of Garcilaso's *Égloga* III, especially ll. 13–16: "Libre mi alma de su estrecha roca, / por el Estigio lago conducida, / celebrándote irá, y aquel sonido / hará parar las aguas del olvido".

9. *todo un dios:* the god of love.

10. *humor:* "moisture".

NOTES TO THE POEMS 231

12. *cuidado:* "love". In the vocabulary of courtly love, *cuidado* often carries overtones of suffering.

13. *serán ceniza, mas tendrá sentido:* "serán ceniza, mas esta ceniza será capaz de sentir". Cf. Propertius, *Elegiae* I, xix, 6: "Ut meus oblito pulvis amore vacet".

En los claustros del alma la herida (p. 105)

1. *la herida:* the wound of love.

5. *hidrópica mi vida:* "mi vida hidrópica".

10–11. *negro llanto . . . envía:* "negro llanto que envía mi pena ardiente a sordo mar".

Poderoso caballero (p. 105)

When it was first printed in the *Flores* of Espinosa (1605), this poem contained only six stanzas. Stanzas 3, 6, 7 and 9 of the version printed here were added later.

4. *de contino anda amarillo: de contino* = "siempre"; yellow is both the colour of gold and of those who are love-sick.

10. *donde el mundo le acompaña:* "where everyone keeps him company", a reference to the many people who went to the Indies in search of fortune.

12. *Génova:* A large part of the bullion exported from the New World to Spain went to Genoese bankers.

17. *y como un oro:* Cf. *Autoridades:* "Ponderación que explica la hermosura, aseo o limpieza de alguna persona o cosa".

18. *color quebrado:* "pale" Cf. *amarillo* (l. 4).

28. *reales:* a pun on *reales* = "royal" and *real*, the name of a coin.

36. *doña Blanca:* The name of several queens of Castile in the Middle Ages, but also *blanca* = a coin of little value.

37. *pues da al bajo silla:* Cf. Luke xiv, 10: "But when thou art bidden, go and sit down in the lowest room; that when he that bade thee cometh, he may say unto thee, Friend, go up higher".

41. *escudos:* "shields", but also another type of coin. *Que sin sus escudos reales . . . dobles:* "there are no coats-of-arms (i.e. no one becomes a noble) without money"—a reference to corrupt practices in the granting of titles of nobility.

45–6. *y pues a los mismos robles . . . minero:* The ships which go to the Indies are made of oak.

52. *gatos le guardan de gatos:* two slang meanings of *gato:* "money-bags keep him from thieves".

59. *hecho cuartos:* "quartered", like a criminal, but also "divided into *cuartos*" (a coin).

69. *las hace bravatas:* "las amenaza".

78. *y hace proprio al forastero:* "and naturalizes the foreigner", since his money makes him welcome in other countries.

Érase un hombre a una nariz pegado (p. 108)

A number of poems on this theme appear in the *Greek Anthology*, for example, the epigram of Theodorus (xi, 198): "Hermocrates belongs to his nose, for if we were to say that the nose belongs to Hermocrates, we should be attributing the greater to the lesser".

1. *Érase:* "There once was . . .".

3. *alquitara:* a crucible, because of its shape.

4. *un peje espada mal barbado: peje* ("pez") = (i) "fish"; (ii) "crafty person"; this gives the line a double sense: (i) "a swordfish with a poor set of barbs"; (ii) "a crafty ruffian with a sword and an unkempt beard" (an allusion to the clumps of hair protruding from the nose).

5. *mal encarado:* "badly adjusted", like the vane of a sundial, but also "with an evil face".

6. *un elefante boca arriba:* "an elephant from the mouth upwards" (nose = elephant's trunk), but also perhaps "(as monstrous as) an elephant on its back".

7. *sayón y escriba: sayón* = (i) "un sayo grande", because the nose swept to the ground like a long gown or Jewish caftan; (ii) "hangman", a despised profession, but perhaps also an allusion to the Jews who nailed Christ to the Cross. *Escriba:* recalling the shape of a scribe bent over a table, but also another Jewish reference.

8. *un Ovidio Nasón:* a common seventeenth-century pun on the name of the poet Ovid (Ovidius Naso).

11. *los doce tribus:* the twelve tribes of Israel.

12. *naricísimo:* a word of Quevedo's own coining (*nariz* + the absolute superlative ending *-ísimo*). Cf. *archinariz* (l. 13).

13. *frisón:* Cf. *Tesoro:* "los frisones son unos caballos fuertes, de pies muy anchos". Quevedo often uses the word to indicate great size. *Caratulera:* a mould for making masks.

14. *sabañón garrafal:* "a mountainous chilblain". In an earlier version of the poem, the last line reads "que en la cara de Anás fuera delito". *Anás* (Annas, the father-in-law of Caiaphas, the high priest before whom Christ was brought to trial) is synonymous with "Jew", but there may be a pun on

"A-nás" ("without a nose"): "such a nose would be criminally excessive, even on the face of a Jew", or ". . . even on the face of a man who had no nose to begin with".

Su colerilla tiene cualquier mosca (p. 108)

1. *Su colerilla . . . mosca:* "Any fly has its little anger". *Mosca* could also refer to an importunate person; notice the contemptuous effect of the diminutive, *colerilla*.

2. *sombra . . . hace:* Cf. "Etiam capillus meus habet umbram suam", a sentence of Publilius Syrus often attributed to Seneca.

3. *rápesele del casco y del cerbelo:* "let his head be shaved—and his brain too while you're about it".

6. *rebosando la faz libros del duelo:* "his countenance overflowing with books on duelling", i.e. looking as if he were continually about to challenge someone to a duel (though perhaps his knowledge is only theoretical).

13. *moharrache:* "mamarracho".

"*Parióme adrede mi madre* (p. 109)

This poem first appeared in *Desvelos soñolientos y discursos de verdades soñadas* (1627), under the title "Romance del nacimiento del autor".

1. *adrede:* "a sabiendas". Cf. *Tesoro:* "vale lo mismo cuando estando ciertos que uno se ha de disgustar de alguna cosa, por el mismo caso la hacemos".

3-4. *estaba . . . de gorja:* "estaba alegre".

8. *un cuarto:* In copper currency, 4 *maravedí(e)s* = 1 quarter (coin); *cuarto* also means a "quarter" of the moon.

12. *entre clara y entre yema:* "neither light nor dark"; *clara* and *yema* are the white and yolk of an egg.

17-20. *Nací debajo de Libra . . . vendederas:* "I was born under the sign of Libra, or the scales . . .". *Las madres vendederas:* "mothers who sell their daughters"; *vendederas* also = "shopkeepers", hence the particular appropriateness of weights and scales.

21. *Diome el León su cuartana: Cuartana* is quartan fever or ague, with which Leo, the sign of the zodiac, was associated. (Cf. William Lilly, *Christian astrology* (1647), p. 59: "(When Saturn is in Leo, he is responsible for) all quartan agues proceeding of cold, dry and melancholy distempers . . . ".)

23. *Virgo, el deseo de hallarle:* "The sign of Virgo gave me the desire to find one" (i.e. a virgin).

24. *y el Carnero su paciencia:* Aries, the ram, but also suggesting the "horns" of the cuckold. The speaker has been given the patience to become a complaisant husband, a voluntary cuckold (cf. ll. 89-92).

35–6. *de tajo, / al revés:* "sideways"; "to the contrary". But *tajo* and *revés* are also terms in swordplay: "slash" and "reverse".

42. *pónganme a mí a la vergüenza:* "let them shame me in public", i.e. as a criminal.

43. *y para que cieguen todos:* "for everyone to be struck blind", i.e. "I have only to try to appear affluent (by riding in a carriage or litter) for people not to see me".

45. *imagen de milagros:* "a miracle-working image".

51. *misacantano(s):* a priest who is celebrating his first mass; by extension, the occasion itself. *Para que yo les ofrezca:* "so that I can offer (money)". Cf. *El mundo por dentro:* "Aquel que habla de mano con el otro le va diciendo que convidar a entierro y a misacantanos, donde se ofrece, que no se puede hacer con un amigo . . ." (*Sueños*, Clásicos castellanos ed., II, 29–30).

54–5. *a todos . . . a palos:* "I look like any man whom they (hired ruffians) are waiting to beat up".

64. *me hace prestar la paciencia:* "he compels me to lend my patience", "he tries my patience".

75–6. *que mis contentos y el vino / son aguados:* "because my pleasures are spoiled and the wine watered". Cf. *Autoridades:* "Metafóricamente (aguar) es volverse el gusto en pesar".

79–80. *en siendo yo . . . en piernas:* "if I were to set up as a maker of stockings, everyone would take to going around with bare legs." These lines and the ones which follow suggest a proverbial—perhaps Muslim—origin. A Lebanese proverb runs: "We trafficked in shrouds; people stopped dying".

82. *aunque es socorrida (s)ciencia: socorrida* = "well-patronized", "well-supplied".

89–92. *Si intentara ser cornudo . . . en buena: Cornudo* refers to the "horns" of the cuckold: "If I were to try to make myself a cuckold (by selling my wife to others) in order to eat, my wife would turn virtuous". "Cuernos" also suggests venison, so that, in a sense, the speaker would be "dining off his own head".

97. *fieltro:* "sombrero de fieltro".

103–4. *o me pide . . . una cosa m(i)sma:* "either she asks me for money, or she sends me packing, which for me amounts to the same thing".

105. *En mí lo picado es roto: Picado* probably refers to articles of fine clothing "slashed" to reveal the material beneath, or perhaps stitched with designs. (*Picar* = "to perforate"; *picado* = "piqué work".) The sense would then be: "Such is my luck that, if I wear fine clothes, people assume that the slashes are tears".

NOTES TO THE POEMS

106. *ahorro, cualquier limpieza:* "and that any cleanliness or neatness on my part is a sign of meanness".

109–10. *Fuera un hábito . . . sin resistencia:* An *hábito* was the cross of one of the Military Orders, worn as an insignia: "If I wore a cross on my chest, people would think it was just a flimsy patch".

111–12. *peor que besamanos . . . encomienda:* An *encomienda* was the post of commander in a Military Order; a *besamanos* was the ceremony of kissing the sovereign's hand as an act of homage. The comparison may be between the number of people who would be waiting their turn at the court ceremony and those who would be queuing to ask favours of the speaker if he were granted an *encomienda*.

128. *tu pretenmuela:* an untranslatable pun on *pretendiente* ("diente" = "muela").

131. *con tantas faltas:* "with so many defects or necessities", but also "so far gone with child". Cf. *Autoridades:* "Falta. En la mujer preñada el defecto del menstruo: y así se dice que tiene tantas faltas: esto es, tantos meses de preñado."

Tiempo, que todo lo mudas (p. 113)

14. *ébano:* "cabellos negros".

20. *y:* "de manera que".

22. *llevas en los pies las frentes:* "who tread down the brows (of kings)".

28. *tu sierpe:* one of the traditional emblems of death.

41. *cuidado:* love.

51–2. *donde el ladrón . . . el delincuente:* The prison of time is the thief (time steals away the years), and the speaker—*el delincuente*, in so far as he is the prisoner—is the judge who tries the real criminal, time.

82. *pues tu edad no lo consiente:* "since it does not befit your years".

Yace pintado amante (p. 115)

4–6. *que vistió rosas y voló con flores . . . dos primaveras:* All these things refer to the colour and markings of the butterfly's wings.

10. *la cuarta esfera:* the sun.

12. *amartelar:* "who sought to make love to the lights of heaven".

14. *duras salamandras:* The salamander traditionally had the power to remain alive in the midst of fire.

18. *morir como Faetón, siendo Narciso:* Phaeton died when he fell from the sky; the butterfly was also like Narcissus, who died after falling in love with his own reflection. (The candle-flame as an image of the moth or

butterfly is a common metaphor in Renaissance poetry and derives from Petrarch, *Rime* CXLI: "Come talora al caldo tempo sòle / semplicetta farfalla ...")

25. *su tumba fue su amada:* The butterfly died in the flame with which it had fallen in love, so that the flame became its tomb.

30. *Aquí goza donde yace: Gozar* often implies sexual union: the butterfly is "united" with the flame in which it died.

Silencio, en tu sepulcro deposito (p. 118)

5-7. *Tumba y muerte ... me allano:* "Tumba de olvido ... en que hoy me allano más que a la razón".

Debe tan poco al tiempo el que ha nacido (p. 119)

6. *y natural remedio a los extraños:* "(to be regarded as) a natural source of help to strangers" (though one cannot advance one's own cause).

7. *avisar las ofensas con los daños:* "to announce offences (the offences done to one) by one's injuries".

8. *y haber de agradecer el ofendido:* "y ser el ofendido el que tiene que dar las gracias".

Tarde es, Amor, ya tarde y peligroso (p. 119)

4. *que concluyó el desdén más riguroso:* "que el desdén más riguroso cerró".
10-11. *mejor ya en mí ... obedecidos:* "it is better that your chains should seem imposed on me by force than that I should appear to accept their risk voluntarily".

Con más oro el sol y galas (p. 122)

9. *garcés:* "crow's nest". Notice the accuracy with which Carrillo uses nautical terms, e.g. *flecha* (l. 14) = "cutwater"; *palamenta* (l. 16) = "bank of oars"; *espalderes* (l. 22) = "rowers in the stern, who face the others and keep the stroke"; *crujía* (l. 37) = "gangway amidships".

23. *del cómitre y pito:* The coxswain of a galley gave the time to the oarsmen by blowing a whistle.

35. *buco:* the hull of a ship.

45. *capitana:* "flagship".

53. *Leveche:* an easterly wind in the Mediterranean.

Usurpa ufano ya el tirano viento (p. 124)

5-6. *el uno y otro asiento / en mis ojos:* "los dos asientos de mis ojos".
13-14. *mas no podrá ... de ti:* "mas no podrá dividir de ti ..."; *dueño* = mistress".

NOTES TO THE POEMS

Lava el soberbio mar del sordo cielo (p. 124)

2–4. *gime . . . su enojado velo:* "groans at the affronts it suffers from the ship that oppresses its (the sea's) angry surface".

8. *tiembla otro Deucalión su igual recelo:* Deucalion was the son of Prometheus. In the Greek myth, Zeus threatened to destroy the earth by flood, but Deucalion, warned by his father, built an ark and survived. Here, the earth, "like another Deucalion, trembles with equal fear" (i.e. at the thought of being inundated). One would normally expect the preposition *de* or *ante* after *tiembla*.

13. *yo así en mis celos, libertad dichosa:* "Así yo envidio la libertad dichosa cuando estoy celoso".

Enojo un tiempo fue tu cuello alzado (p. 125)

4. *Betis:* the River Guadalquivir.

7–8. *tu ausencia . . . el verde prado:* The subjects are *río* and *prado*.

12. *Tu mal . . . pura:* "el agua pura del Betis llora tu mal".

Este cetro que ves, ¡oh pecho ardiente (p. 125)

2. *ha sido:* "once was".

3. *piel . . . lo ha vestido:* "había un tiempo en que la piel vestía este imperio" i.e. "when the inhabitants of what is now an empire wore skins".

5–7. *Roble . . . recién nacido:* "El roble (una vez) cargó los hombros de esta gente que ahora, vestidos de bruñido acero, ultrajan el sol . . . ".

Este bajel inútil, seco y roto (p. 126)

8. *habidas en el Índico remoto:* "obtenidas, disfrutadas, en las Indias remotas".

10. *do el verde ornato conservar pudiera:* "where it would have been able to keep its foliage better than it could its cargo".

De verdes ramas y de frescas flores (p. 127)

8. *de suspiros en vez:* "en vez de suspiros".

Aunque pisaras, Filis, la sedienta (p. 129)

2. *Apolo:* the sun.

9. *Pon:* "Depon".

En vano del incendio que te infama (p. 129)

7. *el rojo humor:* the blood.

10. *habla:* "talk", "subject of scandal".

238   NOTES TO THE POEMS

¿Cómo será de vuestro sacro aliento (p. 130)

    3. *Llama a polvo fiar mojado y frío:* "Fiar (una) llama a polvo mojado y frío".

    8. *a:* "de".

    11. *el postrer desmayo:* death.

En mi prisión y en mi profunda pena (p. 130)

    1. *En mi prisión:* The "prison" is a metaphorical one, describing the situation of the lover. Cf. ll. 7–8.

    7. *la llama mía:* "la llama de mi amor".

    9–11. *Así del manso mar . . . prefiere:* "Así la onda lozana que levanta la frente en la llanura del mar manso prefiere la tierra al agua en que nació".

    12. *ufana:* qualifies *onda*, not *ribera*.

Pura, encendida rosa (p. 131)

    18. *¡Oh fiel imagen suya peregrina!:* "¡Oh fiel y peregrina imagen del Amor!".

    20. *la deidad que dieron las espumas:* Venus.

Fabio, las esperanzas cortesanas (p. 132)

    2. *prisiones:* "fetters".

    20. *Betis:* the River Guadalquivir.

    26. *Astrea:* the goddess of truth and justice.

    32. *Romúlea:* Seville, regarded as a parallel to ancient Rome, the "city of Romulus".

    38. *pece:* "pez".

    39. *o cuando su pavón nos niegue Juno:* The peacock was sacred to the goddess Juno.

    53. *esa antigua colonia de los vicios:* the Court.

    54. *augur de los semblantes del privado:* "(like) a soothsayer interpreting the different expressions on the face of the king's favourite".

    59. *y no le pasarás:* "and you will not let it (your thought) run ahead to the next day".

    62. *Itálica:* see note to Rodrigo Caro, *A las ruinas de Itálica*, l. 3 (p. 223).

    85–6. *antes que . . . mano:* "antes que la dura mano de la muerte siegue esta mies inútil".

    101. *para el rayo de la guerra:* "para ser soldado".

    117. *no afecto:* "no pretendo".

NOTES TO THE POEMS

135. *Epiteto:* Epictetus, the Stoic philosopher (c. A.D. 60–140).

146. *aquella inteligencia:* God.

156. *histrīones:* "actors", but here "counterfeiters". Cf. *trágicos* (l. 157).

166–80. *Quiero imitar al pueblo ... luminoso:* This is one of several passages in the poem which are close to Seneca. Cf. *Ep.* I, v: "Intus omnia dissimilia sint, frons populo nostra conveniat. Non splendeat toga, ne sordeat quidem". Also: "Magnus ille est qui fictilibus sic utitur quemadmodum argento. Nec ille minor est, qui sic argento utitur quemadmodum fictilibus. Infirmi animi est pati non posse divitias."

169. *las colores: color* was sometimes feminine in the seventeenth century.

171. *de los dóricos cantores:* i.e. merely a simple robe.

177. *Múrino:* "Murrhine", from "murra", a precious material for vases, possibly agate, first brought to Rome from the East.

179. *vil gaveta:* "a common cup".

184. *tonante máquina:* cannon or siege-gun.

195. *No le arguyas de flaca y temerosa:* "Do not accuse it of being weak and timid".

203. *simple:* "(when I was) foolish or innocent".

204. *al grande fin que aspiro:* "el gran fin al que aspiro".

En la desierta Siria destemplada (p. 139)

9. *algalia:* here, "perfume".

34. *por hilas:* "like stitches in a wound (*rotura*)".

96. *sin trinchante:* "without a carving-knife".

100. *el etíope ejército:* "Ethiopian", because of their black colour.

145. *cadarza:* an adjective formed from *cadarzo:* "coarse, entangled silk which cannot be spun".

155. *el cardenal Jerónimo:* St. Jerome (*c.* 340–420), one of the Fathers of the Latin Church. In 374 he retired to the desert of Chalcis, where he passed several years in severe mortifications and laborious studies. Later he studied and taught in Constantinople and Rome; the Latin version of the Bible known as the *Vulgate* is largely his own work. St. Jerome's life as a hermit was a favourite theme in early seventeenth-century religious painting; the most famous version is that by Ribera, though this was not painted until 1644, 25 years after the publication of the poem.

169. *la madera:* "the timbers".

170. *media naranja:* "cúpula", corresponding to *edificio* (l. 168). Cf. *Autoridades:* "la bóveda que se pone en las iglesias ... hecha en forma de una media esfera, por cuya razón se llama comunmente media naranja".

196. *dotor:* "doctor".

247. *antojos:* "anteojos".

250–1. *que solamente a un risco . . . no puede:* "for only a tall pinnacle of rock (*risco*, by contrast with the mere *piedra* of l. 248) is allowed to support a cardinal's hat, and even it is insufficient."

292. *célicas:* "celestes".

Ya de otra más que de ti propia amante (p. 150)

1. *Ya . . . amante:* "Now lover of someone other than yourself".

2. *tu candidez impura:* The soul's pure whiteness has been stained by love.

6. *móvil sepultura:* the body, in which the soul is "entombed".

10–11. *y por su ser . . . inmensa: Su ser* refers to the light of the spirit (cf. *la viva luz* (l. 5)) and the *joya* (l. 7) which the soul is in danger of losing. The pure light of the soul is a reflection, on a small scale (*en pequeñez medida*), of the divine spirit.

12. *tanta herida:* "una herida tan grande". The soul is "wounded" by the light of the spirit, though the pain is gentle and loving (*tierno*).

13–14. *que si duplicas . . . vida:* "que si duplicas, si reflejas o aceptas, la ofensa que mata (el amor), disminuyes la vida (eterna) que pretendes".

¿Por qué, di, de mis ojos, sueño blando (p. 150)

10. *Si el silencio estrecho:* "si procuras (= 'seek') el silencio estrecho".

11. *su imagen son (sin dedo) mis dos labios:* Silence is traditionally represented as holding a finger to her lips.

14. *humor:* "moisture".

¿Dónde, di, caminante, vas perdido (p. 151)

2. *posta:* "messenger".

3. *tu ofensor:* in apposition to *apetito*.

4. *calzado muerte, corrupción vestido:* "shod with death, clothed in corruption".

7. *(el) centro amargo:* death.

12. *Teme, pues eres carne, ardiente espada:* "Teme la ardiente espada, pues eres carne". (The construction of the next two lines follows the same pattern.)

Fénix, ausente hermosa (p. 151)

Title. *Generalife:* the Moorish summer palace on the hill of that name, just outside Granada.

4. *este . . . tierno:* "este llanto tierno que os sacrifico".

5. *recebilde:* "recibidle".

NOTES TO THE POEMS

12. *pesadumbre:* here, "mass". Cf. Garcilaso, *Égloga* III, l. 211: "aquella ilustre y clara pesadumbre", referring to the rock on which the city of Toledo stands.

17. *aquestos . . . despojos:* "rendirá estos tiernos despojos".

18. *tiros al sentido:* "arrows shot at the senses".

32. *no es mucho . . . siga:* "no es mucho que (mi corazón) siga al alma".

38. *que diste:* "que se halle distante".

41-2. *con término elegante . . . discurrir:* "discourse in elegant terms".

52. *evo:* "age" (Latin "aevum").

65. *vistes:* "visteis".

66. *en la más dulce parte de mi historia:* i.e. before the lovers were separated.

67. *guióme:* The subject is *ausencia*.

69. *aquel valiente ciego:* Cupid, who had brought the lovers together in the town (*poblado*).

70. *una cobarde fiera:* absence, on his mistress's journey from Granada to the Generalife (*en el camino*).

73. *¡Oh necia!:* addressed to absence.

Cual huerto que, de mil flores (p. 155)

10. *flagrancia:* "fragancia".

28. *y en su corona real:* The fruit of the pomegranate is surmounted by a small protuberance in the shape of a coronet.

39. *y sobrado:* "y además".

74. *sabat:* "sabbath".

Ya es turbante Guadarrama (p. 159)

20. *puerto:* a pun on the two meanings of *puerto:* "pass" and "harbour".

21-4. *Cristales flechan . . . dos elementos: Mariposa* refers to snowflakes. There was an ancient belief that snow was a mixture of fire and ice; hence *dos elementos*.

Si tal bajeza creíste (p. 160)

In this poem, the speaker is both defending himself against a charge of having acted basely and flattering his mistress by arguing that she is so superior that she would be incapable of recognizing a base action if she saw one. The first part of the poem consists of a series of contrasts based on the pattern *superioridad / bajeza*.

3. *en número de infinitas:* "when compared with an infinite number (of furies)".

10. *de navegación tan corta:* "of so short a voyage", i.e. the movements of those who "sail" in the world of base actions.

11–12. *que sin fluctuar . . . sombras:* Such movements, unlike those of the woman whose thoughts "se engolfa(n) osadamente en el sol", will drown in darkness.

17–20. *¿cómo a las plebeyas tiendas . . . se compran?:* The *garza* ("heron") and the *garzota* ("night-heron") were the most valuable birds in the seventeenth-century feather trade, so much so that *garzota* became synonymous with "feather", as in l. 16. (Cf. Gracián, *Criticón*, ed. Romera Navarro, III 239: "aquí no hay hombre sin penacho ni hembra sin garzota".) *Enaguas* = "common women" (cf. the similar use of "falda"); *a medio antojo* (literally, "for half a whim") is formed on the pattern of phrases like "a medio centavo", "a media peseta". The sense of the stanza is: "How can a falcon (a metaphor for the woman) which seeks its prey at such dizzy heights entrust its treasure (*caudal*, the heron which it has caught for its plumage) to common shops in the form of adornments (*ropa*) which are sold to sluts who buy them *a medio antojo?*" The following stanza continues the notion of debasing one's wares; *lograllas* (l. 23) = "lograr las victorias".

26. *pone . . . su derrota:* "sets its course".

62. *¿cómo quieres que las ponga:* "how would you wish him to treat them?".

67–8. *tiene . . . memoria:* "¡qué obediente tiene la memoria para todo olvido!".

70–1. *otra / que:* "excepto".

72. *a más voces:* "a las demás voces".

97. *desatento:* "desatiendo".

Garza real, que en puntas desiguales (p. 162)

1. *Garza real:* the purple heron; but the poet is really addressing his mistress under cover of the metaphor. *Puntas* here refers to the bird's motions in flight; cf. *Autoridades:* "hacer punta el halcón. Vale desviarse".

5–6. *si de escondido arroyo . . . huellas:* "si unas osadas huellas quieren turbar tu paz en los umbrales de un escondido arroyo" (the heron's natural habitat).

7. *aun son cortas vecinas las estrellas:* "the stars are still your close neighbours", but perhaps also with the suggestion that the stars are of little value (*cortas*) in comparison with the woman's beauty.

13. *desvanecido (h)alcón:* in terms of the basic metaphor, a presumptuous rival.

13–14. *que es más altura . . . cielo:* "for to bring you down from yourself (from the height of your beauty) is to make you fall from a greater height than the heavens".

NOTES TO THE POEMS

Al trasmontar del sol, su luz dorada (p. 164)

The title is taken from the Vulgate version of James iv, 14: "For what is your life? It is even a vapour, that appeareth for a little time, and then vanisheth away".

3. *tabla*: a panel, in painting; here a metaphor for the sky.

6. *fimbras*: "borders". *En varios lejos*, another term from painting, means "in various effects of distance", "in different stages of the background".

Cupido de ametistes (p. 166)

1. *ametistes*: "amatistas".

5–6. *tirano ... sin vendarte*: Cupid is usually represented as blindfold and wearing a quiver.

12. *tres olimpiades*: twelve years.

16. *ajes*: "pesares", "molestias".

31. *garzotas*: here, "locks of hair".

Sola esta vez quisiera (p. 169)

11–13. *quien tanto siente ... llanto*: "si hay alas mal seguras (para sostenerle), que deban ...".

21. *retórico dolor*: "speaking grief", in contrast to *afecto mudo*.

23. *verde ladrón*: The wind is disguised in the colour of the fields.

70. *tercera vez*: "for the third time of saying"; cf. ll. 56 and 60.

73. *su rigor*: "el rigor de las Parcas".

85. *si naciera sembrada*: The body is compared to a seed which is placed in the ground.

94. *la adama*: "adores her".

97. *aquellos otros puros*: "soles" (= "ojos"). Cf. l. 102.

98. *coluros*: "colures", circles of the celestial sphere passing through the poles of the equator and either the solstitial or the equinoctial points.

Moderno, florido mes (p. 173)

8. (*por más fortuna*): "para tener más fortuna".

10. *porque no caben más bocas*: a compliment to the smallness of the lady's feet.

13–14. *y alientos ... de hermosa*: literally, "breaths of anticipation turned to swoons at the arrival of your beauty".

19–20. *muchas veces a tu pie / y una vez a su cuidado*: There were many jasmines, each shining separately, but they shone as a single flower (*una vez*) in their love for the woman they adored.

24. *quien todo lo murmura:* a pun on *murmurar:* the fountain both "murmurs" and "gossips".

29–30. *la desconoció . . . olorosa:* "the carnation failed to recognize the breeze since it came more scented (than usual) from your breath".

34. *cisma:* "division". (The woman's beauty sets the flowers in conflict with one another.)

Poca, Diego, soy tinta, bien que debe (p. 175)

1–3. *bien que debe . . . figura:* "bien que mi docta figura debe tanto espíritu . . . a tu pintura".

13. *el uno y el otro ser humano:* the poet himself and his living image in the portrait.

Aquesta ya de Alcides osadía (p. 178)

1. *Alcides:* Hercules, with whom the poplar is associated.

2. *que profana . . . asiento:* "que profana el sagrado asiento del sol".

10–11. *terrero . . . aves:* "sitio, o terraza, donde las estrellas hacen la corte a las aves, confundiendo las armonías". Cf. *Autoridades:* "Hacer terrero: cortejar, obsequiar o galantear alguna dama desde el sitio o llano delante de su casa".

13–14. *y amarillas . . . vidas:* "y las hojas bellas, ya amarillas, enseñarán una muda lección a nuestras vidas".

Es verdad; yo te vi, ciprés frondoso (p. 178)

4. *aguja verde en Menfis oloroso:* "a green obelisk in a perfumed Memphis (i.e. the woods)". Memphis was the ancient capital of Egypt, adjoining the Great Pyramid.

7. *rodear sabe el mal:* "evil knows detours".

10. *Si no son los castigos impiedades:* "If punishments are not acts of impiety". The argument is that the stricken tree should not complain, since the punishment it has received for its pride is just and reasonable. Cf. ll. 12–14.

Todo el mayo volaba (p. 179)

3. *a carreras:* "in mid-flight".

12. *su peligro:* the wolf.

20. *(carbunclo de su pecho):* The fire is like a carbuncle, or ruby, on the breast of the mountain.

21–2. *la llama . . . aprisco:* the bonfire lit to warm the sheepfold.

25. *listón de nieve:* The running stream is like a ribbon of snow because of its whiteness; the contrast with the frozen stream only appears in the next line.

NOTES TO THE POEMS

Ya falta el sol, que quieto el mar y el cielo (p. 180)

2. *niegan:* "deny the existence of".

3. *un ave de metal el aire estrena:* "the sound of a trumpet (*ave de metal*) flies for the first time (*estrena*) through the air".

4. *que vuela en voz cuanto se niega en vuelo:* The trumpet itself cannot fly, though its sound can.

7. *música traición hace a su pena:* "is false to his grief in making music" (the *consuelo* of l. 8).

9. *(menos que yo):* The rest of the poem argues that the lover's grief is greater than that of the prisoner.

10. *remo:* the oar of the galley-slave (*forzado*).

12. *al mar de Venus:* "to the sea of love" (Venus was born from the sea). The lover—galley-slave comparison is used by Garcilaso, *Canción* V, l. 35: "en la concha de Venus amarrado".

Árbol prisión de ti mismo (p. 181)

4. *en tu parasismo:* "en tu paroxismo" ("in your death-agony"), suggesting the twisted shape of the stricken tree.

5. *tu verde abismo:* "the green depths of your foliage".

11–14. *De su pincel ... de bulto:* April sketches in (*dibuja*) the fields, but has painted the tree with three-dimensional birds (*relieves de bulto* = "standing out bodily in relief").

21. *Tu elemento:* the air.

22. *por desvanecer:* "porque desvaneciste".

23. *no te perdió de tirano:* "the air did not destroy you as a tyrant might". (The tree was not blown down by the wind, but withered.)

27–8. *y en ese leño ... esperanza:* "E imagino que el viento te presenta a mi esperanza en ese leño" (i.e. "as a warning to my hope").

30. *al cabo de su camino:* "at the end of its journey through the sky", since the tree is lying on the ground.

Hoy, Fabio, te casaste con Lisena (p. 182)

6. *senos:* refers to the woman, but also continues the sea metaphor.

7. *quien de caña aun dio flaquezas:* "she who (when she was only your mistress) showed herself to be as frail as a reed".

8. *riesgos de entena:* The progression is from *caña* to *entena* ("mainmast"). A mistress who was like a reed before marriage should not be exposed to the seas of matrimony ("should not be expected to stand up like a ship's mast ...").

9. *Himeneo:* Hymen, the god of marriage.

12. *la misma condición que a Orfeo:* Orpheus was allowed to bring Eurydice back to earth on condition that he did not look back at her while they were travelling through the infernal regions.

Huye del sol el sol, y se deshace (p. 183)

3–5. The construction is: "la vida nace del tiempo, que ...".

3. *que a sus partos homicida:* "que mata a los seres que ha parido".

8. *lo que:* i.e. his body.

14. *un accidente:* an accident in the philosophical sense; the allusion is to time.

Del cristalino piélago se atreve (p. 184)

4. *su sed, menor que su avaricia, bebe:* The subject of *bebe* is *fulgor:* "The pure brilliance of dawn (*la luz primera*) quenches its thirst, which is less than its avarice".

7. *se retira:* The subject is *perla*.

Tierna flor difunta oprime (p. 185)

9. *los campos de zafir:* the sky.

¡Válgame Dios, que los ánsares vuelan (p. 187)

This poem, like many others of its kind, deals metaphorically with the situation of a girl abandoned by her lover.

4. *vide:* "vi".

Este que, exhalación sin consumirse (p. 190)

1. *exhalación sin consumirse:* "exhalación que no se consume".

5–6. *Voile ... voime:* "Le voy ... me voy".

11. *mueve:* "remueve".

Pasajero, que miras con cuidado (p. 191)

3. *de nacido:* "de haber nacido".

10. *la tiene:* "tiene vida".

14. *o el que muere sobrándole la muerte:* "or he who is dying, though death is superfluous to him" (because life itself is a continuous dying).

Este ejemplo feliz de la hermosura (p. 192)

9–11. The subject of *mejora* and *contrapone* is *edad*.

Llora Jacob de su Raquel querida (p. 195)

The death of Rachel is described in Genesis xxxv.

NOTES TO THE POEMS

13. *tiempo prolijo:* Jacob was compelled to labour for seven years before he could marry Rachel.

Como el vidrio, en un soplo fue criado (p. 195)

1. *soplo:* the breath of creation, but also an allusion to glass-blowing. In l. 6, *soplo* becomes the wind which propels the ship of life.

3–4. *que cabiendo ... el abreviado:* El (mundo) *abreviado* is Man. According to Platonic theory, earth ("el pequeño mundo") reflects the world of heavenly archetypes ("el gran mundo"). Man's pride is so great, however, that no world is large enough to contain him.

10. *quimérico Perilo del becerro:* Perillus (Perilaus) of Athens, who devised a brazen bull for Phalaris, the tyrant of Agrigentum (c. 571–55 B.C.), in which the king's victims were roasted alive. Perillus is said to have been the first to suffer death by this means.

Deshecho aquí ejemplo doy (p. 196)

6–7. *Libre hasta de mí ... encantos:* "Libre hasta de mí, y de cuantos laureles fueron encantos del sol" (i.e. "from the fame which I won as a poet").

9. *Barrios de fama:* "regions of fame", a pun on the author's name. The initial letters of each line, read downwards, make up Barrios' alternative name.

Detente, sombra de mi bien esquivo (p. 198)

This poem is influenced by a sonnet of Luis Martín de la Plaza's, "Amante sombra de mi bien esquivo", included in the *Flores* of Espinosa (1605).

11. *el lazo estrecho:* "mis brazos y pecho" (cf. l. 13).

Verde embeleso de la vida humana (p. 199)

4. *como de sueños, de tesoros vana:* "tan vacía de tesoros como de sueños".

10. *anteojos:* both "spectacles" and "fancies" (*antojos*). "Antojos" was used with both meanings in the seventeenth century.

Silvio, yo te aborrezco y aun condeno (p. 199)

4. *y a quien ... cieno:* "y el cieno inmundo le mancha al que lo huella".

10. *lo contradice:* "lo rechaza".

Hombres necios que acusáis (p. 200)

13. *Parecer:* "parecerse".

15–16. *al niño ... miedo:* "(it is like) the child who puts on a mask (*coco* = 'bogeyman') and then is scared by it".

19–20. *para pretendida . . . Lucrecia:* "a Thais when you are courting her, a Lucretia once possessed". Thais was a famous Greek courtesan; Lucretia, the innocent victim of Tarquin, was a model of chastity.

21. *humor:* both "moisture" and "whim".

45–6. *Dan vuestras amantes . . . alas:* "Your loving torments give wings to their liberties".

51–2. *la que . . . de caído:* "she who has fallen because she was begged, or he who begs because he has fallen".

57. *os espantáis:* "os sorprendéis".

65–6. *Bien con muchas armas . . . arrogancia:* "Bien fundo (arguyo con mucha razón) que vuestra arrogancia lidia con muchas armas".

68. *diablo, carne y mundo:* in the catechism, these are the three enemies of the soul.

Si acaso, Fabio mío (p. 202)

9–12. *adonde entretenerse . . . aura:* "en que el aliento vital pueda entretenerse, con fuerza limitada, al rato que me escuchas".

13–14. *la tijera / mortal:* the shears of Atropos, one of the three Fates (*Parcas*).

47–8. *en tu pecho . . . en tu cara:* Both *escrituras* and *seguros* have a legal sense: "bonds" and "securities".

51. *el óbolo:* the coin which the dead had to give to the boatman Charon, who ferried them across the Styx (*las estigias aguas*), one of the rivers of the underworld.

52. *fletar:* here, "to pay one's passage".

54–6. *el que . . . exhala:* "el último aliento que el exánime pecho exhala".

58. *que vivífica llama:* "which, like a life-giving flame".

SUGGESTIONS FOR FURTHER READING

For reasons of space, this list only includes books. Some of the best criticism of seventeenth-century poetry has appeared in the form of articles in periodicals; many of these are referred to in the studies and editions listed here and in the notes on individual poets. Readers may also consult *The Year's Work in Modern Language Studies*, published annually by the Modern Humanities Research Association (Cambridge University Press) and the check-lists contained in *Publications of the Modern Language Association of America* (*PMLA*).

ANTHOLOGIES

E. L. RIVERS, *Renaissance and Baroque poetry of Spain* (with English prose translations), The Laurel Language Library, Dell, New York, 1966.

D. ALONSO and J. M. BLECUA, *Antología de la poesía española: poesía de tipo tradicional*, Gredos, Madrid, 1956.

A. SÁNCHEZ, *Poesía sevillana de la Edad de Oro*, Castilla, Madrid, 1948.

GENERAL STUDIES

M. FRENK ALATORRE, *La lírica popular en los siglos de oro*, Mexico, 1946.

E. M. TORNER, *Lírica hispánica: relaciones entre lo popular y lo culto*, Castalia, Madrid, 1966.

B. W. WARDROPPER, *Historia de la poesía lírica a lo divino en la cristiandad occidental*, Revista de Occidente, Madrid, 1958.

F. W. PIERCE, *La poesía épica del Siglo de Oro*, Gredos, Madrid, 1961.

J. M. COSSÍO, *Fábulas mitológicas en España*, Espasa-Calpe, Madrid, 1952.

K. VOSSLER, *La poesía de la soledad en España*, Losada, Buenos Aires, 1946.

J. G. FUCILLA, *Estudios sobre el petrarquismo en España*, Revista de Filología Española, Anejo 72, Madrid, 1960.

G. DÍAZ-PLAJA (ed.), *Historia general de las literaturas hispánicas*, Vol. III, Ed. Barna, Barcelona, 1953 (includes essays on poetic theory, Góngora, Lope de Vega, Quevedo and useful surveys of minor poets).

G. DÍAZ-PLAJA, *Historia de la poesía lírica española*, 2nd ed., Labor, Barcelona, 1948.

E. OROZCO DÍAZ, *Temas del Barroco*, Granada, 1947.

J. M. COHEN, *The Baroque lyric*, Hutchinson, London, 1963.

H. Hatzfeld, *Estudios sobre el Barroco*, Gredos, Madrid, 1964.

L. Rosales, *El sentimiento del desengaño en la poesía barroca*, Ediciones de Cultura Hispánica, Madrid, 1966.

STUDIES OF INDIVIDUAL POETS

L. Cernuda, *Poesía y literatura*, Vol. II, Seix Barral, Barcelona, 1964. (Cervantes)

F. Rodríguez Marín, *Luis Barahona de Soto*, Madrid, 1903.

O. H. Green, *Vida y obras de L. L. de Argensola*, Saragossa, 1945.

D. Alonso, *Poesía española*, Gredos, Madrid, 1950; 2nd ed., revised, with index, 1952. (Góngora, Lope de Vega, Quevedo)

D. Alonso, *La lengua poética de Góngora (parte primera)*, Revista de Filología Española, Anejo 20, Madrid, 1935; 2nd ed., revised, 1950.

D. Alonso, *Estudios y ensayos gongorinos*, Gredos, Madrid, 1955. (Góngora, Carrillo)

D. Alonso, *Góngora y el "Polifemo"*, Gredos, Madrid, 1961, 2 vols.

M. Artigas, *Don Luis de Góngora y Argote*, Madrid, 1925.

P. Salinas, *Reality and the poet in Spanish poetry*, Johns Hopkins Press, Baltimore, 1940; 2nd ed., Oxford University Press, 1967. (Góngora)

E. Orozco Díaz, *Góngora*, Labor, Barcelona, 1953.

A. Vilanova, *Las fuentes y los temas del "Polifemo" de Góngora*, Revista de Filología Española, Anejo 66, Madrid, 1957, 2 vols.

P. Salinas, *Ensayos de literatura hispánica*, Aguilar (Ensayistas hispánicas), Madrid, 1958. (Góngora, Juana Inés de la Cruz)

J. Guillén, *Language and poetry*, Harvard U. P., Cambridge, Mass., 1961. (Góngora) Spanish edition: *Lenguaje y poesía*, Revista de Occidente, Madrid, 1962.

W. Pabst, *La creación gongorina en los poemas "Polifemo" y "Soledades"*, Revista de Filología Española, Anejo 80, Madrid, 1966. (Original German edition: Revue Hispanique, LXXX, 1930)

F. Lázaro, *Estilo barroco y personalidad creadora*, Anaya, Salamanca, 1966. (*Conceptismo*, Góngora and Lope de Vega)

A. Alonso, *Materia y forma en poesía*, Gredos, Madrid, 1955. (Lope de Vega and Quevedo)

J. M. Aguirre, *José de Valdivielso*, Diputación Provincial, Toledo, 1965.

D. Alonso, *Vida y obra de Medrano*, Vol. I, Consejo Superior de Investigaciones Científicas, Madrid, 1948.

F. Rodríguez Marín, *Pedro de Espinosa*, Madrid, 1907.

J. Jordán de Urries, *Biografía y estudio crítico de Jáuregui*, Madrid, 1899.

M. Bataillon, *Varia lección de clásicos españoles*, Gredos, Madrid, 1964. (*A Cristo crucificado*)

A. Mas, *La caricature de la femme, du mariage et de l'amour dans l'œuvre de Quevedo*, Ediciones Hispano-americanas, Paris, 1957.

O. H. Green, *Courtly love in Quevedo*, University of Colorado Studies in Language and Literature No. 3, Colorado U. P., 1952.
A. Gallego Morell, *Pedro Soto de Rojas*, Granada, 1948.
E. Orozco Díaz, *Introducción a un poema barroco granadino (de las "Soledades" gongorinas al "Paraíso" de Soto de Rojas)*, Granada, 1955.
R. Benítez Claros, *Vida y poesía de Bocángel*, Madrid, 1950.
A. Gallego Morell, *Francisco y Juan Trillo de Figueroa*, Granada, 1951.
K. R. Scholberg, *La poesía religiosa de Miguel de Barrios*, Ohio State U. P., 1962.
Robert Graves, *The crowning privilege*, Cassell, London, 1955; Penguin Books, London, 1959. (Juana Inés de la Cruz)

INDEX OF FIRST LINES

"¡Ah de la vida!" ... ¿Nadie me responde? (QUEVEDO)	99
Al trasmontar del sol, su luz dorada (JERÓNIMO DE SAN JOSÉ)	164
Amadas luces puras (CONDE DE SALINAS)	64
A mis soledades voy (LOPE DE VEGA)	48
Amor, que en mi profundo pensamiento (B. L. DE ARGENSOLA)	16
Ándeme yo caliente (GÓNGORA)	34
Ánsares de Menga (GÓNGORA)	37
Aquesta ya de Alcides osadía (POLO DE MEDINA)	178
Aquí donde fortuna me destierra (VILLAMEDIANA)	120
Árbol prisión de ti mismo (BOCÁNGEL)	181
Aunque pisaras, Filis, la sedienta (RIOJA)	129
Buscas en Roma a Roma, ¡oh peregrino (QUEVEDO)	102
Cerrar podrá mis ojos la postrera (QUEVEDO)	104
Cesen mis ansias ya desengañadas (VILLAMEDIANA)	118
¡Cómo de entre mis manos te resbalas (QUEVEDO)	101
Como el vidrio, en un soplo fue criado (BARRIOS)	195
¿Cómo será de vuestro sacro aliento (RIOJA)	130
Con más oro el sol y galas (CARRILLO)	122
Crece el insano amor, crece el engaño (ARGUIJO)	67
Cual huerto que, de mil flores (PINTO DELGADO)	155
Cuando me paro a contemplar mi estado (LOPE DE VEGA)	46
Cuelga sangriento de la cama al suelo (LOPE DE VEGA)	45
Cupido de ametistes (VILLEGAS)	166
Damas con escuderos grandalines (LIÑÁN DE RIAZA)	61
Debe tan poco al tiempo el que ha nacido (VILLAMEDIANA)	119
De la unión, Silvio, con que Amor prospera (B. L. DE ARGENSOLA)	16
Del cristalino piélago se atreve (QUIRÓS)	184
Dentro quiero vivir de mi fortuna (L. L. DE ARGENSOLA)	13
Deshecho aquí ejemplo doy (BARRIOS)	196
Despierta, ¡oh Betis!, la dormida plata (LOPE DE VEGA)	47
Después que en tierno llanto desordena (ARGUIJO)	66
Detente, sombra de mi bien esquivo (JUANA INÉS DE LA CRUZ)	198
De tu muerte, que fue un breve suspiro (CONDE DE SALINAS)	63
De verdes ramas y de frescas flores (JÁUREGUI)	127

254 INDEX OF FIRST LINES

¿Dónde, di, caminante, vas perdido (SOTO DE ROJAS)	151
El vivo fuego en que se abrasa y arde (ESPINEL)	10
En breve cárcel traigo aprisionado (QUEVEDO)	104
En crespa tempestad del oro undoso (QUEVEDO)	103
En la capilla estoy y condenado (GÓNGORA)	24
En la desierta Siria destemplada (ADRIÁN DE PRADO)	139
En los claustros del alma la herida (QUEVEDO)	105
En los pinares de Júcar (GÓNGORA)	32
En mi prisión y en mi profunda pena (RIOJA)	130
Enojo un tiempo fue tu cuello alzado (CARRILLO)	125
Entra mayo y sale abril (VALDIVIELSO)	56
En un pastoral albergue (GÓNGORA)	28
En vano del incendio que te infama (RIOJA)	129
En vano, descuidado pensamiento (CERVANTES)	5
Érase un hombre a una nariz pegado (QUEVEDO)	108
Esta en forma elegante, oh peregrino (GÓNGORA)	23
Este bajel inútil, seco y roto (JÁUREGUI)	126
Este cetro que ves, ¡oh pecho, ardiente (CARRILLO)	125
Este ejemplo feliz de la hermosura (SALAZAR Y TORRES)	192
Este que, exhalación sin consumirse (HENRÍQUEZ GÓMEZ)	190
Estos, Fabio, ¡ay dolor! que ves ahora (CARO)	76
Es verdad; yo te vi, ciprés frondoso (POLO DE MEDINA)	178
Fabio, las esperanzas cortesanas (FERNÁNDEZ DE ANDRADA)	132
Fénix, ausente hermosa (SOTO DE ROJAS)	151
Garza real, que en puntas desiguales (A. HURTADO DE MENDOZA)	162
Hombres necios que acusáis (JUANA INÉS DE LA CRUZ)	200
Hortelano era Belardo (LOPE DE VEGA)	40
Hoy, Fabio, te casaste con Lisena (BOCÁNGEL)	182
Huye del sol el sol, y se deshace (BOCÁNGEL)	182
Imagen espantosa de la muerte (L. L. DE ARGENSOLA)	13
La dulce boca que a gustar convida (GÓNGORA)	21
La más bella niña (GÓNGORA)	24
La Niña a quien dijo el ángel (LOPE DE VEGA)	43
Las flores del romero (GÓNGORA)	33
Lava el soberbio mar del sordo cielo (CARRILLO)	124
Levanta entre gemidos, alma mía (ESPINOSA)	91
Llevó tras sí los pámpanos octubre (L. L. DE ARGENSOLA)	14
Llora Jacob de su Raquel querida (BARRIOS)	195
Mandóme, ¡ay Fabio!, que la amase Flora (QUEVEDO)	102
Máquina funeral, que desta vida (GÓNGORA)	22
Menos solicitó veloz saeta (GÓNGORA)	23
Mientras por competir con tu cabello (GÓNGORA)	20
Mil veces voy a hablar (ESPINEL)	10

INDEX OF FIRST LINES

Miré los muros de la patria mía (QUEVEDO)	100
Moderno, florido mes (JERÓNIMO DE CÁNCER)	173
Montes de nieve son los que de flores (ESQUILACHE)	80
Nereidas, que con manos de esmeraldas (MARTÍN DE LA PLAZA)	83
No inquieras cuidadoso (MEDRANO)	73
No me mueve, mi Dios, para quererte (ANONYMOUS)	96
No sé cómo, ni cuándo, ni qué cosa (MEDRANO)	75
No son todos ruiseñores (GÓNGORA)	36
¡Oh excelso muro, oh torres coronadas (GÓNGORA)	21
"Parióme adrede mi madre (QUEVEDO)	109
Pasajero, que miras con cuidado (HENRÍQUEZ GÓMEZ)	191
Pastor que con tus silbos amorosos (LOPE DE VEGA)	46
¡Pobre barquilla mía (LOPE DE VEGA)	51
Poco, Diego, soy tinta, bien que debe (PANTALEÓN DE RIBERA)	175
Poderoso caballero (QUEVEDO)	105
¿Por qué, di, de mis ojos sueño blando (SOTO DE ROJAS)	150
Porque está parida la Reina (VALDIVIELSO)	57
Por un sevillano (CERVANTES)	4
Por verte, Inés, ¿qué avaras celosías (B. L. DE ARGENSOLA)	17
Pregona el firmamento (ESPINOSA)	89
Pura, encendida rosa (RIOJA)	131
¿Qué estratagema hacéis, guerrero mío? (B. L. DE ARGENSOLA)	17
¿Qué mágica a tu voz venal se iguala (B. L. DE ARGENSOLA)	18
¿Qué tengo yo que mi amistad procuras? (LOPE DE VEGA)	47
¡Quién fuera cielo, ninfa más que él clara (BARAHONA DE SOTO)	7
Rosas, brotad al tiempo que levanta (RIBERA)	1
Servía en Orán al Rey (GÓNGORA)	26
Si acaso, Fabio mío (JUANA INÉS DE LA CRUZ)	202
Silencio, en tu sepulcro deposito (VILLAMEDIANA)	118
Silvio, yo te aborrezco y aun condeno (JUANA INÉS DE LA CRUZ)	199
Si pena alguna, Lamia, te alcanzara (MEDRANO)	70
Si pudo de Anfión el dulce canto (ARGUIJO)	67
Si quiere Amor que siga sus antojos (L. L. DE ARGENSOLA)	14
Si tal bajeza creíste (A. HURTADO DE MENDOZA)	160
Si verse aborrecido el que era amado (LOPE DE VEGA)	45
Sola esta vez quisiera (CALDERÓN)	169
Soledad, no hay compañía (A. HURTADO DE MENDOZA)	163
Su colerilla tiene cualquier mosca (QUEVEDO)	108
Suelta mi manso, mayoral extraño (LOPE DE VEGA)	44
Tan dormido pasa el Tajo (ESQUILACHE)	81
Tarde es, Amor, ya tarde y peligroso (VILLAMEDIANA)	119
Tiempo, que todo lo mudas (QUEVEDO)	113
Tierna flor difunta oprime (QUIRÓS)	185

Tiran yeguas de nieve (ESPINOSA)	86
Todo el Mayo volaba (POLO DE MEDINA)	179
Todo tras sí lo lleva el año breve (QUEVEDO)	101
¡Un año más, Señor, con tanto día (LÓPEZ DE ZÁRATE)	94
Unos ojos bellos (VALDIVIELSO)	56
Usurpa ufano ya el tirano velo (CARRILLO)	124
¡Válgame Dios, que los ánsares vuelan (TRILLO Y FIGUEROA)	187
Verde embeleso de la vida humana (JUANA INÉS DE LA CRUZ)	199
¿Ves, Fabio, ya de nieve coronados (MEDRANO)	70
Yace pintado amante (QUEVEDO)	115
Ya Daniel y Abigail (BARRIOS)	196
Ya de otra más que de ti propia amante (SOTO DE ROJAS)	150
Ya es turbante Guadarrama (A. HURTADO DE MENDOZA)	159
Ya falta el sol, que quieto el mar y el cielo (BOCÁNGEL)	180
Ya formidable y espantoso suena (QUEVEDO)	100
Ya, ya, y fiera y hermosa (MEDRANO)	72